杨峰·主编

侯林·著

芳华摭拾三百载

芙蓉街

JiNAN

山东城市出版传媒集团·济南出版社

序

XU

讲好济南故事是我们的使命

看到济南出版社重磅推出的"济南故事"系列丛书，无论是作为济南城市的建设者，还是作为在这座历史文化名城工作与生活了数十载的济南市民，我都深感高兴与自豪。

伴随着这座历史文化名城发展变迁的足音，感受着这座时代新城前行律动的脉搏，我们会感到脚下的大地熟悉而又陌生。当时光列车驶入21世纪第三个10年的历史关口，济南的明天将会怎样，想必是每一位济南人都迫切需要了解的。要知道济南向何处去，首先要回答济南从哪里来。只有了解济南的昨天，才能知道济南的明天。了解济南故事，讲好济南故事，让更多的济南人热爱济南，让更多的外地人了解济南，使之成为建设美丽济南的磅礴动力，是我们义不容辞的使命。那么，了解济南故事，从阅读这套丛书开始，应该是个不错的选择。

济南是一座传统与现代相互融合的城市。一方面，济南地理位置得天独厚，南依泰山，北临黄河，扼南北要道，北上可达京师，南下可抵江南。济南融山、泉、湖、河、城于一体，风景绮丽，秀甲一方。她群山逶迤，众泉喷涌，城中垂杨依依，荷影点点，既有北方山川之雄奇壮阔，又有江南山水之清灵潇洒，兼具南北风物之长。作为齐鲁文化中心，她历史悠久，文脉极盛，建城两千多年以来，文人墨客、名士先贤驻足于此，歌咏于此，留下无数美好的诗篇。近代开埠以来，引商贾、办工厂、兴教育，得风气之先，领一时风骚。这些都是济南的老故事。

另一方面，作为山东省政治中心、经济中心、文化中心，当前的济南正面临新旧动能转换起步区、中国（山东）自由贸易试验区济南片区、黄河流域生态保护和高质量发展三大国家战略叠加的重大机遇，正对标习近平总书记

"走在前列、全面开创"的目标要求，阔步从"大明湖时代"迈向"黄河时代"。今日之济南，围绕"打造四个中心"，建设"大强美富通"现代化省会城市，努力争创国家中心城市，统筹谋篇布局经济社会发展，大力发展大数据与新一代信息技术、智能制造与高端装备、量子科技、生物制药、医疗康养等十大千亿级产业集群，加快产业转型升级，一大批重大工程、重大项目落地投产，城市发展充满了无限生机。同时大力推进城市建设管理更新，中央商务区勃然起势，"高快一体"快速路网飞速建成，城市容颜焕新蝶变，城市品质赋能升级，城市文明崇德向善，生活在这座城市里的人们，有着以往从未有过的获得感、幸福感和安全感。现在的济南又趁势而上，加快实施公共卫生应急管理、营商环境优化、双招双引、项目建设、科技创新、城市品质提升、扩大对外开放等十二项重点攻坚行动，踏上了更为壮阔的高质量发展新征程。这是济南故事的新篇章。

作为时代变化的参与者、见证者，同时也应是优秀传统文化的守望者和美好故事的讲述者，我们有责任深入讲好济南故事，告诉世人济南的前世与今生。但也许是尊奉礼仪之邦"讷于言而敏于行"的古训吧，这些年我们做了很多，讲得却还不够。济南出版社策划出版"济南故事"系列丛书，可谓正当其时。它从多层面多角度挖掘、整理和诠释济南风景名胜、人文历史，向世人娓娓道来，并以图书的形式呈现出来，是一件有着深远意义的事情。我希望这套丛书能成为一把钥匙，为读者打开一扇门，拨开历史的风尘，带领读者穿越时光，纵览波澜壮阔的历史长卷，与往圣先贤来一场跨越时空的对话。

翻开它，我们走进历史；合上它，我们可见未来。

中共济南市委常委、市委宣传部部长　杨峰

目录
MULU

芙蓉街：芳华摭拾三百载

JINAN 济南故事

第一章

古街溯源

芙蓉街街名的由来

若问：芙蓉街何以命名为芙蓉？人们会说：因为街上有芙蓉泉的缘故。这回答是对的，但未免太简略了些。

这芙蓉街与芙蓉的缘分可谓深且远矣：一是这里有大名鼎鼎的芙蓉泉，而该泉的得名原因有二，均与芙蓉相关。其一是泉池及周边遍种芙蓉。明代晏璧芙蓉泉诗有句"朵朵红妆照清水，秋江寂寞起西风"，说的正是这种情况，朵朵芙蓉映照在清澈的泉水中，如同美女梳妆一般秀丽。其二是泉水涌动似芙蓉盛开。如清初施闰章《芙蓉泉》诗："连珠出水面，散作芙蓉花。荡波生微风，照日成流霞。"施闰章没有写泉池及周边的芙蓉，他写的是芙蓉泉如同连珠般的喷涌好似芙蓉花开，在阳光的照射下娇媚如流霞。此芙蓉泉又一解也。

不唯如此，芙蓉泉的南北还各有一眼芙蓉泉，比此泉稍逊。南面一泉，唤作南芙蓉泉，年代尚无可查考，至今仍喷吐如故。芙蓉街北面一泉，名北芙蓉泉，明王象春《齐音》中有《北芙蓉泉》诗，称此泉"碧霞宫左北芙蓉，深苇荒芦闭乳钟"。北芙蓉现已湮枯而泉址尚存，据济南已故文史专家张昆河先生考证，该泉遗址在岱宗街二十三号院内。

二是，芙蓉街北段尚有一堤，曰"芙蓉堤"，据明英宗年间纂成的《大明一统志·济南府山水》："芙蓉堤，在文庙东，俗呼为叠道。"真的是锦绣芙蓉一条街呀！所以，这名字起得恰切而精妙，简直是非它莫属也！

最后，还有街北面的大明湖。大明湖也是一个芙蓉湖呀！元好问写大明湖："秋荷方盛，红绿如绣，令人渺然有吴儿洲渚之想。"而且，湖上还有芙蓉桥。清代著名诗人赵国华在其《明湖竹枝词》中咏唱道："芙蓉桥畔是儿家，到门一路芙蓉花。水边芙蓉红在水，窗前芙蓉红在纱。"

在这样一个芙蓉的世界里，芙蓉街名为"芙蓉"是最自然的联想了。

因为这名字，或者说，只是因为这名字，还引来清代乾隆年间著名诗人吴

鸟瞰芙蓉街　李彦摄影

镇的一首咏芙蓉街诗呢！而且，这首诗的题目就是《芙蓉街》。

吴镇（1721—1797），字信辰，一字士安。甘肃狄道州人。清代继孙枝蔚、李因笃之后最杰出的"秦中诗派"诗人。吴镇为乾隆三十三年（1768）举人，初官教职，后任山东济南府陵县知县，官至湖南沅州知府。晚年主讲兰山书院。著有《松花庵全集》十二卷。据《清史列传》卷七十一称：吴镇"少不羁，家本素封，尝发愤负笈，求师四方。滋阳牛运震留之署中，学业益进。比归，生计荡然，而诗名满天下"。"所至放浪山水，篇什愈多。"著名诗人王鸣盛则认为"秦中诗派，自孙枝蔚、李因笃、王又旦后，惟（吴）镇为绝伦"。乾隆三十七年（1772），吴镇出任陵县知县，并于乾隆三十九年（1774）任山东乡试同考官，期间住进毗邻芙蓉街的济南贡院。他为芙蓉街的景致，甚至为此街的街名所深深打动，欣然提笔作《芙蓉街》一诗：

行役犹然案牍亲，寓公无处不风尘。

芙蓉泉

街名雅爱芙蓉好，且作秋江画里人。

（清刻本《松花庵集·松花庵逸草》）

吴镇在诗中说，他实在喜欢芙蓉街这个名字的高雅，他来到芙蓉街，便如同是秋江图中的人一样。

无论是晏璧还是吴镇的芙蓉泉诗，都不约而同地写到秋江及秋江图。原来，在中国传统文化的语境中，芙蓉自然联系秋江，《古诗十九首》便有《涉江采芙蓉》一诗。而秋江及秋江图，亦成为我国古代特别是明清盛行的诗画题材，如宋人张端义《赋秋江图》和明末卞文瑜《秋江图》等，莫不以其浓郁的诗意与淡淡的感伤令人陶醉。清代，在大明湖畔长大、秋柳园起步的著名诗人王士禛便写有一首极为出色的《题秋江独钓图》诗：

一蓑一笠一扁舟，一丈丝纶一寸钩。
一曲高歌一樽酒，一人独钓一江秋。

芙蓉街方位之佳世所罕见

——据芙蓉街关帝庙新发现的两通碑文谈起

芙蓉街中段路东有祠庙一处，为关帝庙。此庙资料一向匮乏，然其历史悠久。十年之前，购置下此处的主人在整修院落时，不仅发现了泉井，且发现清代康熙年间石碑一通，由此可以解开关帝庙的一些疑团。石碑全文如下：

建醮三年圆满碑记

济南府布政司街之东隅，有关圣帝君庙，其来多历年所。西踞藩署，二东之赋税云集；南镇都阃，百年之武库飞霜。芙蓉泉北注泮宫，礼乐三千，于斯茂焉；兴文桥东连开府，节制百城，亶其盛矣。洵五方都会之区，一郡镇鉴之尊者也。

帝之神威丕显，呵护于斯。巩皇图于苞桑，登仓赤于春台。宜乎春秋缩祀，香火万家，数百年如一日也。

会首石峋等，纠集善信，建醮祭赛。响答云墩，叶钧天之雅奏；诵彻金石，发九天之梵音。水陆来万灵之驾，牲牢荐明德之馨。冠裳济济，童叟欢呼。三年完满，不可无记。金谋勒石以志不朽，且以启后之好善者，以续无斁，由三年以迄亿万斯年，人心丕振，帝灵常赫者云尔。是为记。

康熙三十四年岁次乙亥天中后一日谷旦

赐乡进士出身济南府儒学训导姚峻熏沐撰文，济水逸士常□沐手书丹

由碑文可知，撰写碑文《建醮三年圆满碑记》者为姚峻（生卒年不详），此人为康熙举人，济南府儒学训导。书丹者是号为"济水逸士"之常某（名字漫漶），时间为康熙三十四年（1695），距今三百余年。由此碑文，我们可得出如下结论：

其一，关帝庙历史十分悠久。康熙三十四年立碑时，便称此庙"其来多历年所"，由此可知此庙绝非清代建筑。

其二，碑文称其庙在"济南府布政司街之东隅"，而丝毫不涉芙蓉街，足见此时芙蓉街尚未成街。

其三，芙蓉街日后为何会成为济南府的"金街"，其答案在此已出，它的方位太好了。我们且看："西踞藩署，二东之赋税

修缮后的芙蓉街牌楼　李瑞勇摄影

云集；南镇都阃，百年之武库飞霜。芙蓉泉北注泮宫，礼乐三千，于斯茂焉；兴文桥东连开府，节制百城，亶其盛矣。洵五方都会之区，一郡镇耸之尊者也。"也就是说，这个位置，西边是掌管全省赋税田产、经济命脉的山东布政使司衙门，南面是神武宣威、总戎兵政的山东都指挥司署，北面是礼乐三千、化育英才的济南府学，东面则是齐鲁总制、节制百城的山东最高统领机构山东巡抚部院署。如此的方位，济南仅此，山东唯一，因此姚峻称为"洵五方都会之区，一郡镇耸之尊者也"。

由此碑文亦可见到，当年济南民间供奉"关帝爷"的风气之盛，济南的石峋等人，带领众多善男信女，在芙蓉街关帝庙设坛祭祀，时间长达三年之久，足见其虔诚好善。

无独有偶，最近笔者在清代济南名士尹廷兰《华不注山房文集》之中，又发现一篇该庙的碑文，因其颇为珍贵难得，且篇幅不长，以下全文披露：

重修关帝庙碑

关帝祠庙遍海内，山左尤盛。济南芙蓉街旧有祠一宇，里人因其敝，撤而新之，规模仍旧而壮丽胜前。入庙者熏蒿敬悼，不啻神灵之临在上而质在旁也。自蜀汉章武以来，至今千六百岁，释氏称公为伽蓝神，道士奉公为伏魔大帝。缁黄家侈谈神怪，咸与援公为重。然公岂假二氏为显荣哉？书传所载圣贤豪杰多矣，而世人语及公，独震慑焉。铸金事之，属属然，几欲家置一祠。呜呼，岂非孟子所谓至大至刚塞于天地之间者乎！《传》曰：凡有血气者莫不尊亲，此不在乎祠不祠也，而祠亦人心之不容已者也。

读者诸君想必知道，这尹廷兰（生卒年不详）亦非常人，尹廷兰字畹阶，少时即受业于同邑学问大家周永年，精考证之学。清乾隆三十九年（1774）中举人，官至高唐州学正。后称病归济，常与同邑翟凝、周奕簧寻林泉胜处饮酒赋诗，称"历下三诗人"。

尹廷兰主要生活在乾嘉年间，其碑文据康熙年碑记大约过了百年之久，

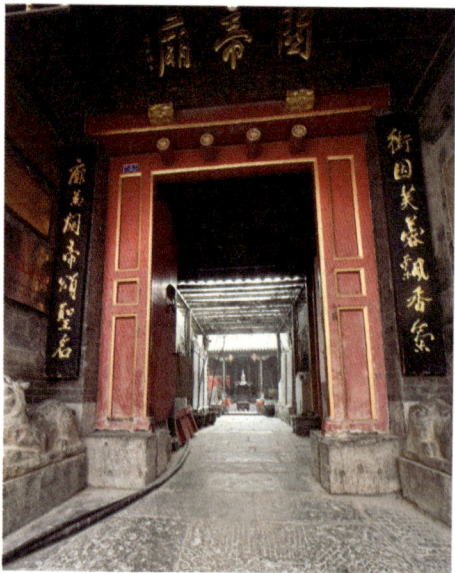

芙蓉街关帝庙 李瑞勇摄影

而芙蓉街关帝庙依然香火不断，且祠宇翻新，"规模仍旧而壮丽胜前"，"入庙者熏蒿敬惮，不啻神灵之临在上而质在旁也"。人们对于关帝之顶礼膜拜，已经到了"几欲家置一祠"的地步。（又，直至1899年，芙蓉街关帝庙立刻有《重修芙蓉街北首布政司小街东口路东关帝圣君庙碑记》的石碑。乃吉祥号、同祥永、制香楼、信义号、瑞宝楼等二十家商铺为首事，组织两街商家，捐资兴庙，立碑以记。）世人为什么会对"千六百岁"前的"关老爷"如此崇拜乃至"震慑"呢？作为一名学者，尹廷兰显然试图回答这一问题，他是从儒学的角度来回答的，他认为，正是关羽身上的浩然正气折服、感染了世人——"岂非孟子所谓至大至刚塞于天地之间者乎！""富贵不能淫，贫贱不能移，威武不能屈"，关羽正是这些至大至刚精神的全面体现者，成为那些"心之不容已者"的精神支柱和心理依托。

芙蓉街最早的文字记录

——三百年前的芙蓉街古诗

正值盛夏，烈日当头令人畏惧外出，在家静下心阅读一些《清代诗文集汇编》中的篇什吧，不期然便有了一些关于济南历史文化的新发现呢。

芙蓉街作为济南市的一条最为声名赫赫的街道，其历史资料却甚是匮乏。至今，我们见到的大多是它在近现代的一些商号的片段记载，却一直很少见到这条街在古代的文字记录。然而，笔者从这些清人的别集中，却意外地发现了两首写芙蓉街的古诗。

这是关于这条街的最早的文字记录，它稀缺而珍贵。

由这几首诗可以清晰地看到：早在三百年前，芙蓉街已是箫鼓盈街，灯彩辉耀，成为游女、士子的游览场所，从而繁华、热闹得非同一般，用当今的流行语来说，成为济南的"花灯一条街"。

这两首诗出自清雍正年间青州府同知张文瑞的诗文集。张文瑞（1685—？），字云表，号六湖，浙江萧山人。早籍太学有声，屡试不举。后随例谒选，授山东青州府同知。他在任上修炮台，兴水利，除盗安民，颇有治绩。张文瑞工诗，在其所著《六湖先生遗集》中，有两首写芙蓉街的诗歌。

其一是《济南元夕》：

> 流览齐州九点烟，品题七十二名泉。
>
> 芙蓉街上灯千碗，水面亭西笛一椽。
>
> 节序每从忙里过，月华偏向恨人圆。
>
> 靴边踏破缘何事，不负诗逋负酒钱。

还有一首《元夕后踏芙蓉街口占》：

夜幕下的芙蓉街 李瑞勇摄影

扑灯天气颇宜人，游女阑珊路不尘。

三五月圆二八缺，老夫来踏七桥春。

三百年前，济南人元宵到哪里赏灯？芙蓉街——"芙蓉街上灯千碗"；而且，这芙蓉街观灯是和在济南最出名的旅游项目——游千佛山（"流览齐州九点烟"）、观七十二泉（"品题七十二名泉"）相提并论的。

还有，芙蓉街不唯是元宵赏灯好去处，平时还是踏街游乐最佳场所，也是去大明湖、水面亭踏春游览之通道（"老夫来踏七桥春"）。值得注意的是，诗人写到元夕之后，这条街上变得"游女阑珊路不尘"，这句诗的弦外之音是明显的：它是就元夕之时，芙蓉街游女如云、摩肩接踵的盛况对照而言的。

张文瑞曾寓居百花洲上，酷爱济南山水，另有《历下偶题》亦颇有情致：

轻鞭款段绕明湖，六月熏风养绿蒲。

爱煞济南诗景致，山如花蕊水如珠。

张文瑞的这两首芙蓉街古诗弥足珍贵，因为这是我们迄今发现的最早的关于芙蓉街成街之后的文字记录。

芙蓉亭·芙蓉园·芙蓉馆

历史上，芙蓉街久有"红妆照清水"（明晏璧《芙蓉泉》"朵朵红妆照清水，秋江寂寞起西风"）之美，盖指"芙蓉"在泉池中之美丽倩影也。笔者常想：在芙蓉街历史上确实曾经有过多处以芙蓉命名的极其风雅的建筑啊！今天，如果能够加以恢复重建，则此一风水宝地又添济南文化符号，不啻锦上添花，艳丽照眼也。

芙蓉街建街（冠以街名）于清康熙中后期，距今已有三百年的历史。芙蓉街建街前，在芙蓉泉附近有一优雅水亭，名曰：芙蓉亭。它的见证人是清初济南高官孙光祀。

孙光祀（1614—1698），字溯玉，号祚庭、作庭。清代平阴孙官庄人。为官后迁至济南。清顺治十二年（1655）进士，改庶吉士，翌年授礼部给事中，上疏皆中利弊，部议允行。历刑、兵、户、吏四科给事中。十四年（1657）充湖广乡试考官，得士称最。历任太常寺少卿、通政使司右通政、通政使、兵部右侍郎等。前后任职二十余年，惩贪剔弊，富于政绩。工诗文，著有《澹余轩集》。他于康熙十八年（1679）致政归济南，其家司马府，紧邻芙蓉街，他因之常来芙蓉泉游玩，并写有芙蓉泉诗《蓉泉即事二首》：

> 水亭斜倚碧泉东，春色霏霏雾霭中。
> 阅世无劳青白眼，抽身不入是非丛。
> 胸间磊块原消尽，户外淄尘莫与通。
> 俯仰乾坤容笑傲，时人那识鹿皮翁。
>
> 一曲蓉泉溅玉沤，修篁疏柳荫清流。
> 援琴自适嵇中散，置榻高悬陈太丘。

殿上虎争谁个胜，名场蚁战几时休？

春风春日皆堪赏，底事何须抱杞忧。

诗中，孙光祀写到了在美丽烟雨中的优雅水亭：芙蓉亭（何以知水亭名为芙蓉，下面还要谈到），而芙蓉亭的方位在芙蓉泉东（"斜倚碧泉东"）。第二首，他描写芙蓉泉鸣玉喷雪之美（"溅玉沤"），以及清泉周边仪态万千的"修篁疏柳"，真的是美不胜收。

其后不久，这里又出现了一家旅社，名曰：芙蓉园。这园最早出现在康熙三十四年（1695）来济游历的江南布衣诗人杜首昌的诗歌中。

杜首昌（1628—？），字湘草，江苏山阳（今淮安）人。明亡不仕，终身为布衣。善行草。著有《绾秀园诗选》《绾秀园诗余选》。

杜首昌是布衣，不过是见过大世面的布衣。他来到济南，受到山东和济南地方长官的隆重接待。他在山东布政使喻成龙、张敏，山东学政刘谦吉，山东盐运使李兴祖等高官陪同下，于大明湖泛舟、历下亭宴饮、天心水面亭赏月、张泗水漪园寻秋并留饮花下。而他尤其难忘的是与好友王秋史、朱缃的欢聚。他拜访王秋史二十四泉草堂、留酌今雨书屋，并与王秋史在随安旅社痛饮放歌。也就是在这次游历中，他为王秋史《二十四泉草堂图》题了诗，并接受了朱缃的珍贵赠礼——端溪砚台。

此次来济令杜氏难以忘怀的，还有他住过的旅社——芙蓉园。他先后写了两首诗来颂扬它。其一是《五月八日孙少司马祚庭寿跻八旬有一，时余适馆芙蓉园中，赋祝》，由此可知此年为康熙三十四年（孙祚庭即孙光祀，生于明万历四十二年，即1614年，其八十一岁生日，正是康熙三十四年，即1695年），而此时芙蓉泉边正有这所名叫芙蓉园的旅馆。

杜氏第二首诗名为《历下芙蓉园》，全诗为：

岂惟避暑难消受，更有清幽未易知。

曲径小亭堪入画，一丘半壑恰宜诗。

喜逢东道偏相契，纵是西园不足奇。

《四景山水图卷》（宋）刘松年

古砚何曾容宿墨，芙蓉泉洗宋淳熙。

诗人说，芙蓉园不仅是一处避暑胜地，它的"清幽"更是少人知晓。园中的曲径小亭和玲珑假山如诗如画，美不胜收，诗人用一个"堪入画"，一个"恰宜诗"，对仗工稳，将芙蓉园之优雅美质与诗人悠然陶醉的心情展现得淋漓酣畅。再者，诗人接下去说，他与东道主是那样的情趣相投，纵是住进江南名刹苏州西园亦未必有此风景、雅兴吧。结句中的宋淳熙，指淳熙元宝，南宋淳熙年间所铸之古钱，有的在钱的背面书"泉"字，象征钱之本性乃在流通。诗人在此以"泉"字作为芙蓉泉和淳熙元宝"泉"之连接，巧喻他在炎炎夏日里，依然可以在清幽宜人的芙蓉园进行自己喜爱的考古研究，真的是风雅之至，潇洒之至！

杜首昌此行还写有一首词《法驾道引·客济南芙蓉亭同孔东塘雨中小酌》：

芙蓉露，芙蓉露，化作紫琼浆。 人在百虫声里醉，云从千点雨中忙，秋色不凄凉。

　　孔东塘，《桃花扇》作者、一代文化名人孔尚任是也。杜孔二人在杜首昌济南行旅居处——芙蓉园之芙蓉亭，雨中衔杯弄白云，秋风习习，虫鸣唧唧，好一幅诗酒风流图！

　　由此可知，孙光祀诗中的"水亭"、杜首昌诗中的"小亭"，正此芙蓉亭是也。

　　据文献，当时这芙蓉园还应有一个名称：芙蓉馆。清初诗人顾永年有《下榻芙蓉馆己卯》诗，中有句：

　　　　芙蓉高馆会群英，镜下曾传及第声。
　　　　最爱佳名成预兆，偏容胜地着闲情。

　　作者称芙蓉馆聚集了众多来济南参加乡试的士子。而己卯乃康熙三十八年（1699），几与杜首昌来济同时。顾永年（1639—?），字九恒，号桐村。浙江钱塘（今属杭州）人。康熙二十四年（1685）进士，官平凉、华亭知县。尝入漕运总督董讷幕，以董讷事为傅拉腊所中伤，于康熙三十一年（1692）发遣奉天。后助征噶尔丹，赎罪获释。自后以文字游四方，而《下榻芙蓉馆己卯》正其此时游历济南所作也。

　　以此可证，所谓芙蓉园、芙蓉馆者，乃一处（所）二名称也。

　　上述众多文献，谈到芙蓉亭、芙蓉园及芙蓉馆，但却未提及芙蓉街的名字，可见那时芙蓉街尚未成街而处在即将成街的前夜（雍正初年青州府同知张文瑞便有了"芙蓉街上灯千碗"的诗句）。

天下最美的芙蓉故事

到芙蓉街，游芙蓉泉，多愁善感的人们总也忘不了那个关于芙蓉的凄美故事。

这故事流传在中国民间，实在影响太大。我们且看清代寓居济南的诗人王鸿的《芙蓉池》诗：

> 七十二严城，苍莽齐烟碧。
>
> 不见芙蓉池，孤煞寻幽屐。
>
> 残照染山红，絮云栖树白。
>
> 欲往蓬莱峰，一问蓉城客。
>
> （清道光十九年刻本《喝月楼诗录》卷一）

题目说的是济南的芙蓉泉（池），然而诗中竟无一字涉及此泉。你看，诗人说他来到齐地山东，因为没有见到芙蓉池而焦急寻找。然而下文我们非但没有看到济南芙蓉泉的身影，反而出来的是"一问蓉城客"，一下子到成都去了。

那是唐五代后蜀后主孟昶及宠妃花蕊夫人的故事。"蓉城客"指的就是他们。故事说的是那时在成都阴湿的天气里，美丽的花蕊夫人常常很忧郁。秋天来到了，花蕊夫人为排遣心中的寂寞，带着随从去踏青。走到一农家小院前，她惊奇地发现，在这霜气袭人的秋天，连坚毅的菊花也已凋零，却有那样一丛丛一树树的繁花在开放，花蕊夫人的脸上荡漾出从未有过的喜悦。身边的随从把这一切看在眼里，回去报告给蜀王孟昶，孟昶大喜，遂命百姓在城苑上下遍植芙蓉树。于是待到来年花开

花蕊夫人 张大千刻绘

时节，成都便四十里芙蓉美如锦绣，花香四溢，从此也有了芙蓉城的美誉。可惜好景不长，很快，后蜀为大宋所灭，孟昶被害，花蕊夫人亦因不从赵匡胤而被杀害。

这坊间流传的故事，真真假假，不可过分认真。然而，这美丽的芙蓉故事与凄婉的爱情一旦结合在一起，那可是难分难解，家喻户晓，传唱久远了。甚至大诗人也以此为诗材，津津乐道。清初，诗坛盟主王士禛便有《为人题芙蓉泉亭子》诗：

> 依约芳林下，名园近水滨。
>
> 泉如金屑碧，山对玉函春。
>
> 历历名花发，涓涓素濑新。
>
> 亭边今夜月，还忆锦城人。

王士禛（1634—1711），字子真，一字贻上，号阮亭，又号渔洋山人。清初济南府新城人。顺治进士，官至刑部尚书，谥文简。诗风清秀圆润，蕴藉委婉。论诗创立"神韵"说，反对以议论、学问为诗。生前负有盛名，门生甚众，影响很大，为清初诗坛领袖。著作甚丰。有《带经堂全集》等。今人袁世硕整理出版《王士禛全集》（齐鲁书社2007年版）。

王士禛不像王鸿走得那样远，他还是一往情深地写了他钟爱的芙蓉泉。那时的芙蓉泉比现在要讲究、漂亮得多，你看，有绿树芳林（"依约芳林下"），有名园芙蓉园（"名园近水滨"）与名亭芙蓉亭（"为人题芙蓉泉亭子"），还有艳丽照眼的芙蓉花（"历历名花发"），然而，其中最动人的还是"涓涓素濑"、美如金屑的芙蓉泉水。在这样美好的泉畔月夜里，诗人浮想联翩，他还是想到了"锦城人"的凄艳故事，你说这民间故事的影响力有多么的大。王士禛熟悉成都，成都是他的旧游地，他对于孟昶与花蕊夫人的故事自然如数家珍，了然于心。他在《陇蜀余闻》中，还特别写下了成都"一日三变色"的芙蓉之美："成都有换色芙蓉，开时，颜色日数变易，日初出作澹红色，日中猩红，日晡纯白。"实可谓成都芙蓉的知音。

JINAN 济南故事

第二章

≋

泉池水道

晏璧：洗耳听泉涤尘襟

距今六百余年的明永乐二年（1404），其时距离芙蓉街成街还有三百年的漫长时间，但是，那一区域的泉们却早已醒了。这一年，由徐州判官升任山东按察司佥事的晏璧，写下了他的济南《七十二泉诗》，成为在济南泉水的历史上，第一个对济南七十二泉逐一吟咏品题的诗人。其中，也包括了日后芙蓉街这一区域的许多名泉的精美诗作。

晏璧（生卒年不详），字彦文，庐陵（今江西吉安）人。这位"以诗名于时"的官员，日后成了诏修《永乐大典》的副总裁。收录在明崇祯年间《历乘》中的晏璧的济南《七十二泉诗》，业已成为欣赏和研究济南名泉的宝贵文献资料。

为什么要作七十二泉诗，晏璧在《七十二泉诗》"序"中说得很是明白。其一是他被济南泉水之美所感染、所打动："休沐之暇，与大夫君子升高眺远。凝眸而挹山色，洗耳以听泉流。绮绤绣错，黛蓄膏渟，诚中州之奇观也。抑天造而地设，岂人力所能为哉？"其二，他因此联想到，应该用诗文展示其美，以便让更多的人了解和欣赏济南泉水："今济南环城不一舍许，而七十二泉献秀呈奇，是造物者为之于中州，使千百年不得一售其技，亦劳而无用于神者。予故取而咏之。"

对七十二泉逐一题咏，这在当时是前所未有之事，所以晏璧从事的是一项开创性的事业。因此，时任济南知府的太原人杨涣十分欣喜地祝贺道："斯泉也，阅古今而不能售，诗而咏之，是泉之遭也。"

由于自金至明，中间整整隔了一个元代，世事沧桑，泉水变化也很大。所以，晏璧所咏之七十二泉已与金代《名泉碑》中的七十二泉有所不同。在《七十二泉诗》中，晏璧写有《芙蓉泉》《灰泉》《鱼池泉》《知鱼池泉》诗，全部在芙蓉街街区之内，让我们先看《芙蓉泉》：

芙蓉泉 李瑞勇摄影

鹊华紫翠削芙蓉，山下流泉石涧通。

朵朵红妆照清水，秋江寂寞起西风。

深谙济南文史的晏璧不是直接写芙蓉泉，而是宕开一笔，先写华不注山，因为华不注在大诗人李白的笔下，有"绿翠如芙蓉"的艳称，接下来才写山下济南城里的芙蓉泉。这一个放开又收束，两个芙蓉不期而遇，使得读者顿时醒悟：济南，真的是芙蓉山芙蓉水呀！而三、四两句，晏璧用了一个语带双关的拟人比喻：红妆，是芙蓉之花，亦是美妙佳人，是的，那一朵朵红艳艳的芙蓉花照在清纯的芙蓉泉中，就像是美女在明镜之前梳妆打扮呀！结句，诗人却用了一个"秋江寂寞起西风"，这是写诗的诀窍，带一丝伤感才叫美，哀愁，要淡淡的，方是。

晏璧还写过《鱼池泉》：

姜家亭畔水涟漪，无数金鳞逐浪吹。

只恐桃花春浪暖，龙门一跃化天池。

鱼池泉，晏璧称在"姜家亭畔"，而据金《名泉碑》，芙蓉泉在"姜家亭前"，由此可知，鱼池泉当在距离芙蓉泉不远的位置。此泉今已无踪。据诗中描写，鱼池泉或以池中有大量锦鲤而得名。诗中"逐浪吹"，活画出群鱼嬉戏追逐自乐的场面。而结尾两句"只恐桃花春浪暖，龙门一跃化天池"，更是精妙无比地表达出对于邻近济南学府的学子的美好祝愿——期望他们有朝一日如"鲤鱼跳龙门"般金榜高中；而"天池"二字，又顺便地将鱼池泉之"池"纳入其中，构思巧妙。

永乐年间，德王府未建，所以灰泉还在民间。元代，虽有宪使将其改为"濯缨湖"，然人们仍习惯"灰泉"之称，晏璧诗名《灰泉》即其一例。应该说，这是我们见到的唯一一首写早期灰泉（入德王府前）的诗，其认识价值不容小觑。原诗如下：

珍泉西北带烟埃，乱石堆中蚀翠苔。

何日尘襟净蠲涤，源头寻路觅天台。

灰泉位于珍珠泉之西北，记住这方位很是重要，其实，这正是后来之濯
缨湖又名王府池子的方位。再是它的特点：灰。诗人说，连它的周围都带有灰
色的烟埃，而"乱石堆中蚀翠苔"，既是其天然之美，亦是其缺乏整治的原因
吧。晏璧出于爱泉之心，想必对如此之好的泉池缺乏良好的管理大有痛感。然
而，晏璧却由此开出一条见解非凡的思路，他联想到人们（当然还有自己）的
充满官场污染的"尘襟"人生，尘襟者，世俗之胸襟也。诗人说，我多想洗净
这尘世的污垢，归隐于如同仙界天台那样的纯洁、清净之地呀！

这样的慨叹显然是会打动众多不甘平庸的士子的。

晏璧这样的思想显然不是一天或短期形成的，它有着深厚的渊源在。这种
情绪与倾向，在其《知鱼池泉》中更是明显。知鱼泉，金《名泉碑》亦著录。
此泉今在王府池子街六号院内。全诗如下：

谭城浅水似濠梁，有客观鱼慕老庄。

无饵无钩闲罢钓，倦眠莎草映斜阳。

全诗展现的不仅是清泉及其环境的自然美，更为重要的是人的自然潇洒的
生活态度。诗人所咏歌的庄子"濠梁观鱼"的故事，带有极强的哲学意味，它
由"鱼之乐"到"子非鱼，安知鱼之乐"，再到庄子所提倡的"子非我，安知
我不知鱼之乐"，层层递进，展示了精妙而独特的庄子哲学与中华智慧。

显然，这在知鱼池上"观鱼慕老庄"的"客"，正是诗人自况，无饵无钩
谓其自然无为，眠泉枕莎，俯仰天地之间，实可谓达观之至。

明成化三年（1467），德王以珍珠泉为中心修建德王府，将此泉圈入王府
之中。清嘉庆间莱州名士李图有《知鱼泉》诗：

旧闻开府邸，中有知鱼泉。

不见泉生处，赤鲤过百年。

（清刻本《鸿桷斋初刻诗集》卷二）

此诗渊静沉郁，饶有奇气。《清史稿·李图传》谓"山左称诗者，王士禛、赵执信以后，以图为巨擘云"，良有以也。

这濠梁观鱼的典故实在影响深远，仅仅一个"知鱼"的名字，便使人们将观泉与人生联系起来。而脱略形骸，以为逍遥之游，乃庄子推崇之至高境界。后来清代诗人张善恒来到此泉，即脱口而出五绝一首："我身原非鱼，焉知鱼之乐。缅想梦蝶人，形骸真脱略。"

姜家亭与韩观察宅

有些事物，我们会经常不断地遭遇它，甚至名字如雷贯耳，却又对它说不出个所以然来——姜家亭与韩观察宅便是如此。

因为，稍微对济南历史和泉水有所了解的济南人都知道，这两个地儿都曾经是大名鼎鼎的芙蓉泉的"家"。

所以，说到芙蓉泉，姜家亭与韩观察宅便是两个回避不了的问题。

据金《名泉碑》"曰芙蓉，姜家亭前"，说的是当年芙蓉泉在姜家亭的前面。至于这姜家亭的背景，比方说何人所建，是否为一姜姓人所建，是宅中亭还是野亭，对此我们均一无所知，有关文献也无有哪怕一言半字的记载。

有一次，世居芙蓉泉边的好友张洁贞先生来电话，说他找到一张全家人20世纪30年代的照片，上面有个亭子。我赶忙过去一看，果然是的，他的上辈人站立在自家也即是芙蓉泉所在的院落里，后面有一座清晰可见的亭子。这便是

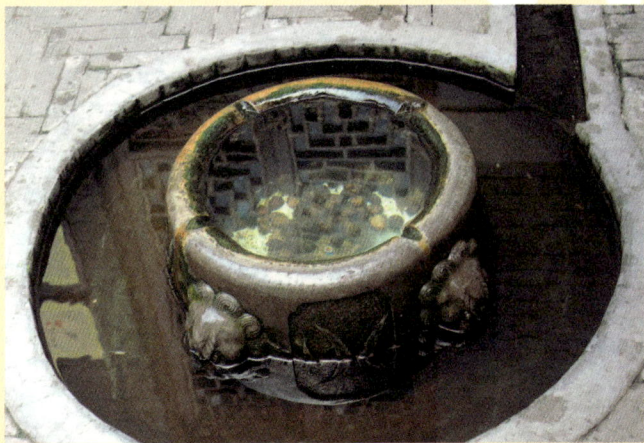

民居泉井

姜家亭？然而，转念一想，这年代可就对不上了，姜家亭是在《名泉碑》的年代，史家称作"残金"，那最迟也在金元之际。所以这问题依然摆在那儿，等待着人们有所发现。

　　其后，明清以来，文献中记载韩观察宅的可就更多了。如明《历乘》卷三《舆地》："芙蓉泉，韩观察宅，其水逶迤而北流至泮池。"明崇祯《历城县志》卷二《封域山川》："芙蓉泉，府庠前韩观察宅内。"其他清代府县志记载多据此而来。

　　笔者曾经为寻找这个"韩观察"费了许多的心思，后终于有了一些斩获。

　　一开始认为这韩观察像是外籍仕宦山东的官员，因之在这部分历史人物（有"观察"衔的）中仔细查找了许多遍，茫无所见。后来才发现，原来这"韩观察"是咱们的济南老乡啊！真是踏破铁鞋无觅处，得来毕竟费功夫。

　　韩观察大名为韩应元。他与其父韩刚事载于乾隆《历城县志》列传九、选举表二，道光《济南府志》卷四十九。据上述地方史志资料，韩家先祖为枣强人，迁历城。数传至其父韩刚，"韩刚字克柔。少孤，事兄甚谨，不分其产。所善客系狱，力救之。乡里称长者"。这里列举两个实例说明韩刚的为人，一是父亲早亡，他对兄长恭敬谨慎，不分享上辈的家产；二是其友人遭遇官司时，他竭力营救。其名为刚，然不为柔克（中国古语"柔能克刚"），故又字克柔，观其行止，可谓刚柔相济的人物。

韩应元，字云卿。嘉靖三十七年（1558）举人，四十四年（1565）进士，初授无锡县知县，隆庆初年调山西怀仁县知县。在任上，厘正祀典，均平夫役，去后县中犹尊其法。其后历大理评事、兵部主事，官至山西布政司左参政。

明代，参政为从三品，掌分守各道，有承流宣化之名，雅称"观察"。

上述府县志之韩应元资料，均见明范应期所作《韩公墓表》，范应期为韩应元同年，嘉靖四十四年状元。

韩观察宅的兴建当在韩应元致仕还乡之后（在此之前，他是没有那样的资金和力量的），那是在隆庆后期或万历初年。那时芙蓉街尚未成街，而芙蓉泉则在德王府西墙之外，属济南黄金地段。能在此处建宅，且将芙蓉泉规划其中，非达官贵人不能为。

另外，此时的芙蓉泉也早在四十年前的嘉靖十五年（1536），已将泉水引入北面的济南学宫泮池（有时任山东巡抚蔡经诗《济南学宫引芙蓉泉环注泮沼》可以为证），于是，济南出现了那条日后被命名为"梯云溪"的美丽泉溪。明万历年间，济南复有名士王象春《灰包泉》诗吟此事：

> 灰包泉水出王宫，日射金沙鱼眼红。
>
> 别有芙蓉泉喷玉，韩池北与泮池通。

韩池者，芙蓉泉是也。

梯云溪开凿时间与原因真相揭秘

梯云溪是引芙蓉泉水至济南学宫泮池的美丽的清泉水道。当年，它在蓝天白云之下展现着无限的风情雅意。

然而，梯云溪的开凿时间与开凿目的，却始终是济南泉水研究中未能解决的一大课题：对于前者，人们信奉较早的明代《历城县志》之记载，实则以讹传讹；对于后者，更是一头雾水，难见真实。

时间：嘉靖十五年而非"万历庚子"，明代《历城县志》有误

谈到梯云溪的开凿年代，济南地方志乘不约而同的结论均是明代万历庚子，即明万历二十八年（1600）。如明崇祯十三年（1640）叶承宗《历城县志·学校》载："万历庚子，沈太守蒸（作者注：应为"烝"，沈烝，字华东，时任济南知府）修引芙蓉泉水入外泮池，名其水道曰梯云溪。"其余记载多由此出，亦大致如是。

其实，这一记载是错误的，它掩盖了真相四百余年。

这真相，首先是笔者从明代嘉靖年间山东巡抚蔡经的一首诗里发现的。

蔡经（1492—1555），又名张经，字廷彝，号半洲。明侯官（今福州）洪塘乡人。正德十二

芙蓉街整修后挖出的新泉　李瑞勇摄影

年（1517）进士，除嘉兴知县。嘉靖四年（1525）召为吏部给事中，数有论劾。蔡经为官清廉，忠正刚直，其后擢太仆少卿，历右副都御史、协理院事。嘉靖十六年（1537）升兵部右侍郎，总督两广军务，定计大破据弩滩为乱的断藤峡贼侯公丁。嘉靖三十二年（1553），东南沿海倭寇猖獗，朝廷命蔡经为右副都御史兼兵部右侍郎，专办讨贼。他在明代抗倭斗争中立下显赫战功，可惜被权奸严嵩陷害，含冤被杀。其后由戚继光、俞大猷等完成他的遗志，基本上平定了倭寇。《明史》有传。

蔡经是明代民族英雄，是与戚继光并驾齐驱的抗倭名将，同时也是才华横溢的诗人，著有《半洲诗集》传世。史载，嘉靖三十四年（1555）十月，蔡经殉难之日，"天下冤之"。

据《明代职官年表·巡抚年表》（张德信主编，黄山书社版），蔡经于嘉靖十四年（1535）三月至十五年（1536）十一月，以左金都御史巡抚山东。正是在此期间，济南发生了引芙蓉泉水以注学宫泮池之文化雅事，作为山东最高行政长官，蔡经亲临现场，并乘兴写下《济南学宫引芙蓉泉环注泮沼》一诗：

> 芙蓉泉水绕宫墙，天开泮沼一鉴光。
>
> 远溯源流穷道体，静涵星斗焕文章。
>
> 衣冠直拟追三代，礼乐今方冠百王。
>
> 最喜明时歌朴棫，伫瞻清庙荐珪璋。

（蔡经《半洲稿·东巡稿》，参见侯林、王文编著《济南泉水诗补遗考释》）

蔡经这首诗，其诗题《济南学宫引芙蓉泉环注泮沼》，便再明白不过地告诉人们：梯云溪的开凿时间是蔡经任职山东巡抚的嘉靖十四年至嘉靖十五年间（1535—1536），它比济南地方志乘上记载的"万历庚子"，即1600年，整整提前了六十多年的时间。也就是说，梯云溪的美丽存在，已接近五百春秋。由此，我们便可以更正济南学宫与芙蓉泉水之间这段错误的历史记载。值得注意的是，比叶承宗《历城县志》略早的另一部历城志书《历乘》，在记载这段史实时，用的是这样一段话语："芙蓉泉，韩观察宅，其水逶迤北流至泮池，沈华东太守浚其渠，名曰梯云溪。"（见《历乘》卷三《舆地考》）"浚其渠"，这就对了，这说明此渠是原先旧有的，沈华东太守只是做了"疏浚"。它虽然未提及（或未知）此渠的开凿时间，而这种忠于实存的表述却为后来的辨析留下了空间。可惜人们大多采信了叶承宗《历城县志》的说法，使得人们一提及梯云溪便是"万历庚子"，以讹传讹，甚为久远。

然而这梯云溪的名字，却是这条溪河形成六十余年之后，由济南太守沈华东所创造的。

蔡经的这首《济南学宫引芙蓉泉环注泮沼》诗，生动展现了这条日后以"梯云溪"命名的泉溪，与红色宫墙、蓝天白云相与映照的独特美感（"芙蓉泉水绕宫墙，泮沼天开一鉴光"），同时昭示了蔡经的思想学养与文化高度。他不把学官引泉看作一件小事，而是"穷道体""焕文章"，亦即培育人才、追求真知的大事。

原委：你能想到开凿梯云溪是出于"风水"的考虑吗？

本来以为文章写到这里就算结束了，因为这样已经充分证明梯云溪的开凿是在嘉靖十四年至嘉靖十五年。虽说还有点小小的遗憾，即梯云溪的具体开凿者或曰操作者是谁？总不能是巡抚蔡经大人亲自出来挖渠引泉吧？不想，此后又发现了一篇文章，连这小小的遗憾也彻底消除了。

更重要的，还看到了当年济南先民开凿梯云溪的真正目的。

这篇文章其实并不难寻，它见于道光《济南府志·艺文二·历城》，题目是《重修济南府儒学记》，亦见于《济南府学文庙现存碑刻文献》（山东人民出版社2015年版）一书。文中所提之碑至今尚立于济南府学文庙更衣所前，碑记作者是明代陕西巡抚、济南府济阳人黄臣，原来他正是嘉靖十五年开凿梯云溪的见证者与书写者。

根据这篇碑记，我们得知，这梯云溪的开凿者是时任济南知府的司马泰（1492—1563）。诸位，这司马泰可不是寻常人物，他是北宋大政治家、史

学家司马光的后裔，明代著名的诗人、藏书家、文献学家。他于嘉靖十四年
（1535）春来济南任职，下车伊始，便发现济南府学"敝缺"已久，亟待修
缮。他以"是郡惟吾是守，是学惟吾政是首，今若此，责惟在我"的高度责任
感，先后报告山东巡抚蔡经、巡按御史张鹏、布政使杨维聪、按察使陈讲，以
及守、巡各道大员们，待一一认可之后，乃鸠工庀材。司马泰选定的具体实施
者为历城县丞马璠与济南府学训导朱继，前者懂行政组织，后者精府学庙事。
于是，工匠们将前自棂星门，后至文庙、两庑、明伦堂、尊经阁及各斋、舍，
修葺一新，如同新建一般。然而，就在此时，一个小小的插曲出现了，可能谁
也想不到，就是这个插曲，造就了一个天下罕见的泉水学宫。原来，当修葺即
将完成时，有德高望重的济南"土著父老"向司马泰建言道：

泮池旧有水潴，自国初至成化间，兹学七发文解，每科多首经。比其涸
也，历年则否。恨无源头活水以来。惟泉水冬燠夏润，能免二恨。

济南府学

泮池

　　这段文字需要解释一番。"文解"，即入京应试进士的证明文书。清代，在省内考中举人后，即由地方官给予文解，发解入京，参加由国家举办的考试——会试。而济南府学，正是给山东举人颁发入京考试的证明文书的场所，由此可见济南府学在省内的地位。所以，济南的耆老们认为，济南府学的"风水"极为重要。具体说来，泮宫必得有源头活水。你看，自明代开国至成化年间，因为泮池有水聚集（"水潴"），风水好，所以自这里发解的举人有不少人能中进士高第，而自成化以后，泮池干涸，所以自弘治至正德年间，则没有能中高第者。要解决这个问题，就必须引来源头活水。济南有泉，冬燠夏凉不结冻，可谓天赐佳水，诚能引来泮池，便能免去山东科甲不兴的恨事。

　　这一番话，如同醍醐灌顶，司马泰等地方官员显然深信不疑，于是立即展开行动。他们先是在府学的屏风之北凿了一个方塘，又将门内的泮池挖深并且扩大面积，然后，分别自南边之芙蓉泉与东南之濯缨湖（文中称"珍珠泉"，实为濯缨湖）引来二泉之水，"凡三折而会之方塘，又三折而入之泮池，又三折而出之于学宫之外，以入之于湖，载出之城，踰之清河，以会海终焉"。何以令泮池之水如此曲折回环如玉带般？黄臣答曰："拟洙象泗，以为多士笔下波澜之助。"原来如此，这回环波折原是继承着孔门传统，象征着文士学子文采焕然，呈现出笔下生花、波澜多姿之美意；而直达于海，则预期其前程远大也。

这项引泉环注泮池的大工程共用了三个月的时间而大功告成，此后，济南学宫绿水环绕，焕然改观，师模士气，一皆勃然兴起。

自此之后，山东科甲之事，果不出济南耆老所料，嘉靖十六年（1537）在济南府学文庙发解，十七年（1538）科甲之盛前所未有，在全国320名进士中，山东有25名，而济南府独占8名，接近三分之一。其中齐河县就有三名（尹纶、张潜、孟养性），而长清县赵同言则进入二甲，临朐二冯兄弟（冯惟重、冯惟讷）则同成进士，传为一时佳话。

风水之事有否？今人尚难断言，而古人则大信之。亦因此，济南有了这条风光无限的泉溪——梯云溪，还有了举世罕见的泉水学宫。至今思之，尚为济南先人的锦绣创意而深感钦佩与自豪。

云之英英云楼泉

云楼泉位于历下区芙蓉街东，西更道街4号院内，珍珠泉北，刘氏泉南。又名白云泉。泉池为圆井形，石砌，直径0.42米，深0.72米。泉水出露形态为涌状。夏季泉水水位上升几乎与地表平，即使干旱之年亦常年有水。

提起云楼泉，那可真是大名鼎鼎，有着深厚的历史文化内涵。它名列金《名泉碑》，称"云楼泉"，明《历乘》称其"白云泉"。清郝植恭在《七十二泉记》中称"泉有取象于天者，曰白云，如云之英英也"。

谈到云楼泉，首先要说说白云楼。白云楼在濯缨湖上（今珍珠泉大院内），为元代山东最高长官、山东行尚书省兼兵马都元帅、济南公张荣所建。张氏家族终元之世居之。因其下临白云泉，故名白云楼。这白云楼可真是非同一般，它是济南当时最高大、最雄伟的建筑。其豪华程度令人叹为观止。当年元代名臣、济南名士张养浩写过《白云楼赋》，称其"括万象于宏敞，飞四阿于鸿冥"，"翼截华鹊之烟雨，背摩霄汉之日星"，他说自己登上仿佛耸立于白云之间的白云楼时，凭栏俯视，魂魄四散，"耳根但闻风铁音泠泠"。因了这白云楼的壮观豪壮，"白云雪霁"历来为济南八景或十六景之一。

明初，改张氏府邸为山东都指挥使司，都指挥使平安居此。其后，明英宗次子朱见潾封德王，成化年间将原山东都指挥使司扩建德王府。当时白云楼已经倾颓，但尚有一丈高的基址。朱见潾亲自翻阅《大明一统志》，发现府内有著名的白云泉、濯缨泉，且都完好地存在着，于是便在弘治十五年（1502）于白云泉畔建起了白云亭，并在其北建起濯缨轩。自此，一处风雅的游逸之地又应运而生。朱见潾对自己的杰作十分得意，作《白云亭》诗"印月池头月正明，主人曾此濯冠缨"以自况；而山东巡抚王珝则以"七十二泉游览遍，独疑今日在蓬壶"的诗句予以赞赏；明代最为杰出的两位济南诗人——前七子的边贡与后七子的李攀龙，都有以"白云亭"为题的诗作。其后还有济南府新城县著名诗人王象春的诗作。

入清，白云亭不复存在，而云楼泉尚存，来此观泉并凭吊怀古的诗人仍然络绎不绝，如董芸、符兆纶、廖炳奎、王鸿等。

我们且看明代边贡的《白云亭次滦江韵》：

> 曲池泉上远通湖，百丈珠帘水面铺。
>
> 云影入波天上下，藓痕经雨岸模糊。
>
> 闲来梦想心如见，醉把丹青手自图。
>
> 二十六年回首地，朱阑碧树隔芳壶。

此诗为边贡致仕归家时所作。云楼泉所在地德王故藩，其间碧瓦朱甍，面山带泉，台榭百年，轩桥四起。边贡不愧为精于形象营造的写诗大家，他着意展示德王宫华贵典雅的贵族气象，以及泉水的磅礴大气。诗中，诗人把对家乡的热爱与思念也写得真情款款，感人至深：在外地常年宦游，但却在做梦时也梦回家园，以至于酒醉之后要想象着将它画出来呢！

清初，废墟之侧的美丽流淌

——大诗人施闰章与芙蓉泉的故事

清顺治年间，由于明末清初连年不断的兵燹战乱，昔日豪华的德王宫残破凋零，几成废墟；而与之临近的芙蓉泉也不能不受到影响。此时芙蓉街尚未成街，原居住芙蓉泉上的韩家（韩观察之后人）也不知去向。然而，芙蓉泉依然在不息地涓涓流淌，此时的见证人，正是时任山东学政的著名诗人施闰章。

施闰章（1618—1683），字尚白，号愚山，又号蠖斋。安徽宣城人。他出生在一个儒学世家，其道德文章及日后成就实与早年的教养有关。顺治六年（1649）成进士。授刑部主事，"引经断狱，期于明允。有疑狱，反复推求，常至夜分"。他不仅娴于文辞，且精于吏事。施闰章在刑部员外郎任上时，适逢朝廷选拔曹郎优秀者担任学使，御试得七人，而施闰章为第一，于是擢升山东学政。秩满，迁江西布政司参议，分守湖西道。在任期间，他扶危济困，救赎良民，崇奖风教，政绩卓著。康熙六年（1667），会廷议裁诸道使，闰章以裁缺归里，民留之不得，竟将当地的一条江改为"使君江"，以此纪念并颂扬他的清廉业绩（"民过之，每叹曰：'是江如使君清。'因改名'使君江'"）。康熙十八年（1679）复举博学鸿词科，授翰林院侍讲，充《明史》纂修官。康熙二十二年（1683）转侍读，不久辞世。施闰章著作有《学余堂集》《蠖斋诗话》《矩斋杂记》等多种，而尤以诗歌成就最大。

明清是山东诗歌的黄金时代，当时无论作者队伍还是作品质量，都在国内堪称一流。清人王培荀在《乡园忆旧录》中称："自明中叶，中原坛坫，必援山左树旗鼓。国初以来，人文蔚起，不曰'南施北宋'，即曰'南朱北王'……"其中，"南施北宋"是指施闰章、宋琬（字玉叔，山东莱阳人）；"南朱北王"是指朱彝尊、王士禛。施闰章与朱彝尊并非山东人，因其多年寓居于济南，对济南有着深厚的情感，所以王培荀将他们列入了当时的山左即山东作家之列。而清初诗坛领袖王士禛曾说："康熙以来诗人，无出南施北宋之右。"

"废苑惟藏兔，荒亭自浴凫"，这诗句出自清初顺治六年进士董文骥《济南》诗二首之二。由此可知，顺治初年的德王府已经俨然成了野兔与野鸭子的天堂。

然而，更为不可思议的是，顺治后期，德王府竟然成了老百姓施放烟火的场所。有施闰章《烟火行》可以为证：

> 济南乱后年初丰，上元鼓吹如江东。
>
> 歌儿游女不知数，千家万家春灯红。
>
> 爆竹声中烟火出，忽如焰发阿房宫。

那时济南人玩烟火简直玩出了花，其精彩与成熟程度令人震惊且叹为观止，烟火甚至能幻化成"鱼龙戏"与"海市蜃楼"来。

而这表演的场所你道是哪里？不是别处，正是昔日的德王故藩。施愚山先生接着说：

> 我闻此地旧王府，夜夜鳌山照歌舞。

施闰章于顺治十三年（1656）至十六年（1659）任山东学政，此事当发生在顺治十三年底至十四年初。

然而，临近的芙蓉泉又如何呢？我们读一读施闰章的《芙蓉泉》诗便知端的：

好鸟鸣兰薄，春风柔且嘉。

振辔肆逍遥，潜波湛清华。

讵矜岩洞游，宁要羽客家。

虚白茅宇静，峻嶒石槛斜。

连珠出水面，散作芙蓉花。

荡波生微风，照日成流霞。

众人忌独醒，吾生苦无涯。

蓬莱近清浅，安得乘仙槎？

（《施愚山集》诗集卷五 黄山书社1993年版）

　　性好山水的施闰章应该是在济南明媚的春天里，由其办公的大明湖南岸的学政署，骑马来到芙蓉泉的。开始，他为春风驰荡、鸟语花香的济南春天所陶醉，于是，他欣然想起应该趁着这春光烂漫之时到久已心仪的芙蓉泉一游。他认为好山水不唯在远处的山野岩洞，更为清净动人的还有超越世俗之外的羽客之家（是否当时芙蓉泉为道士所据有？）。以下三联，施闰章以白描的手法，集中展示了芙蓉泉独特的美质。"虚白茅宇静，峻嶒石槛斜"是写芙蓉泉所在的院落与泉池，虚白，即指院落房舍的纯白、皎洁，又指心中的纯净无欲；"峻嶒石槛斜"乃是芙蓉泉池中央稍微斜铺着的石梁的典型风貌，诗句逼真如见其石梁状；"连珠出水面，散作芙蓉花"，则将芙蓉泉水涌动的姿态十分传神地表达出来，芙蓉泉命名原因，除了泉周遍植芙蓉外，还有这泉水涌动如同芙蓉，即"散作芙蓉花"也。"荡波生微风，照日成流霞"，是说泉池之中水波激荡，产生微风，这显然是诗人感觉中的风，但它显然比现实中的风更为滋润、舒适、宜人，因为它有人的美好情绪在内；而"照日成流霞"，则是不写色彩的灿烂，试想，那金黄的落日照在碧绿的泉池之上，因水的流动而成流动的彩霞，那该是何等成色，何等境界。因之，诗人感到自己觉醒了、醒悟了，要抛弃这"苦无涯"的官宦生涯，寻一个清净自然的世外仙境，以寄余生。

　　人评施闰章的五言诗"温柔敦厚，一唱三叹，有风人之旨"；《清史稿·施闰章传》则称其"为文意朴而气静";王士禛很喜爱他的五言诗,特意将他的清词丽句摘取出来,作了《摘句图》。施闰章五言诗的不朽艺术成就,在这首《芙蓉泉》诗中有很好的证明。

清初,王府池子有韩氏灰泉别墅

灰泉,《济南泉水志》等文献指作今王府池子近旁一小泉,其实是错误的。

灰泉,即今之王府池子;不过,王府池子仅是其一部,它还包括今珍珠泉大院中的另一部分(参见本书《王府池不是濯缨泉 道光志乱点鸳鸯谱》一

王府池子旧照

文），灰泉即当年德王府内之濯缨湖。

关于当年灰泉之大，明代济南名士王象春有《灰包泉》诗，灰包泉，即灰泉也。全诗为：

> 灰包泉水出王宫，日射金沙鱼眼红。
>
> 别有芙蓉泉喷玉，韩池北与泮池通。

在诗的笺注中，王象春说："城内大明湖凡数十顷，横塘侧涧不知几许，总仰给于此泉。泉涌如轮，盖亦趵突之别出者。韩侍御宅中南芙蓉泉北入泮池，则微流涓涓不足着眼。考之《一统志》，水自内而外出者，天下惟济城已耳。"（参见《齐音》，济南出版社1993年版）

请看，在明代，灰泉是大明湖水源的主要供应者，其水量如趵突泉一般，

王府池子全景图

而芙蓉泉与之相比，竟成了"微流涓涓不足着眼"。智慧的王象春还看到《一统志》上所论及的济南泉水独特的、唯一的伟大价值属性："水自内而外出者，天下惟济城已耳。"

康熙初年，山东巡抚周有德在原德王府故址建山东巡抚署，面积缩小，将灰泉即濯缨湖一分为二，这才有了山东巡抚衙门之外的王府池子，真的是"旧时王谢堂前燕，飞入寻常百姓家"了。

然而，王府池子最初被划出界外时，出于习惯，人们依然称之为灰泉。

很快，人们在王府池子之侧，这昔日德王府的地盘上，盖起了属于个人的别墅。盖别墅者为韩姓，号天章，不知是否为当年芙蓉泉上韩观察之后人。康熙年间济南府著名诗人朱缃写有《过韩天章灰泉别业》（二首）：

小缚茅亭地数弓，石阑诘屈板桥通。

佳人读易抚修竹，一片泉声黛色中。

绿萍池面一层开，如絮山云送雨来。

输与画师行看子，泼翻墨汁写灰堆。

（民国《续修历城县志·古迹考四》）

莫看这朱缃没有多少功名，他可是实实在在的贵族家庭出身。朱缃（1670—1707），字子青，号橡村。其先高唐州人。祖父美先，字少川。明季始迁历城，以义行重于乡。子青之父为闽浙总督朱宏祚，其伯父朱昌祚，弟朱绛、朱纲皆为清初高官。子青自负俊异之才，博览群书，经史子集，无书不读，独薄科举程文，潜心于诗赋之中。他循例入资捐官，候补主事，不仕。诗学王士禛，且身居历下，与四方文士交游，颇负诗名。朱缃所著有《云根清壑山房诗》《枫香集》《吴船书屋诗》《观稼

楼诗》等，著述甚丰。

能与朱缃交往，且能劳朱缃大驾为之新筑作诗，想这韩天章亦非一般人物，不过，济南地方志乘全无此人踪迹。由诗可见，这灰泉别业绝非浪得虚名，亭台石栏、板桥修竹、泉声黛色，由此诗我们可以想象出别墅的美丽优雅。不过，这别墅要的似乎不是豪华，而是味道，要的是古雅风致，由"茅亭""修竹"足以见得。而"佳人读易"，更使人平添生活情趣与美好联想。诗的第二首，有了前面的铺垫与交代，则直写灰泉的气势与韵味，以灰泉难写隐喻灰泉难得，耐得读者反复咀嚼：这委实是一块令人眼热的风水宝地。

开旅店、盖别墅，人们正在充满兴致地"蚕食"着这块当初只属于王爷的高贵的领地，使得这里越来越像条平民的街衢了。此时，距离芙蓉成街仅一步之近了。

不知何因，在此后的济南文献中，便再也见不到灰泉别墅的身影了。

梯云溪由明入暗

昔日芙蓉街上，那条以芙蓉泉为源头的明媚照眼的溪河——梯云溪，究竟是何时消失的？究竟是何年由地上转入地下的？这始终是济南泉水研究的一个谜，也是热爱家乡的济南人最渴望破解的课题之一。

依据迄今我们拥有的相关文献，笔者试对此做一解答。

梯云溪开凿于明嘉靖十四年至嘉靖十五年（1536），由时任山东巡抚蔡经诗《济南学宫引芙蓉泉环注泮沼》可以为证（参见本书《梯云溪开凿时间与原因真相揭秘》一文），至今已将近五百年之久。这条明丽的溪河由芙蓉泉而至济南府学文庙泮池，且为回环注入，读者自可想见它的风雅与动人。一百二十年后的清顺治十三年（1656），爱好风雅的山东巡抚夏玉又在梯云溪上架桥建坊，桥的名字为"青云"，坊的名字为"腾蛟起凤"，寓意着莘莘学子刻苦攻读，期望有朝一日青云直上如腾蛟起凤，这热切勉励与此等美好景致真如珠联璧合。至今，这附近的王府池子街上仍有起凤桥（乾嘉间济南名士范坰认为此桥即当年之青云桥），但笔者看来，它恐非是当年的青云桥了：其一是位置不对，青云桥当在芙蓉街上靠近府学的位置；其二是规制不对，当年有山东巡抚所部署操办的青云桥肯定要宏伟壮观得多，这小桥显然不够资格。

明嘉靖至清初堪称梯云溪的黄金岁月。那时芙蓉街尚未成街。我们从明嘉靖间蔡经的"芙蓉泉水绕宫墙，泮沼天开一鉴光"之中，可以想见那时梯云溪的美妙情景。到了明万历庚子年（1600），济南太守沈烝（字华东）又再次疏浚梯云溪。其后，到了清初，梯云溪上又筑起宏伟的青云桥与腾蛟起凤牌坊。由此可知，在梯云溪开凿后的一百多年里，梯云溪实可谓享尽风华，楚楚动人。

那么，它是何时由艳丽的泉溪变成地下的沟渠的呢？这一命运的转折点在哪里呢？

一件发生在清道光十六年（1836）的政府行为，为梯云溪的被封地下透露出一丝端倪。

这一年，时任济南知府的王镇为应对天旱少雨的局面，先是组织民夫挑挖了济南护城河，接着疏浚济南城内的各个泉，揭开了芙蓉街上覆盖梯云溪的板石等物，从而第一次发现梯云溪除了北入泮池的一支主流，还有西入贡院、布政司署的西支，从而揭开了"向无人知道"的梯云溪西支之谜（道光《济南府志》卷六"濯缨湖"条），然而，梯云溪何时被封于地下，不仅我们，连王镇们亦毫无所知。

由此可见，这事显然发生在距离道光之前较为漫长的岁月里。

嘉庆初年，我们由山东按察使王汝璧（1746—1806）的《芙蓉街踏雪分韵得"踏"字》可知，芙蓉街此时已经成为济南节庆扮玩活动的热闹场所，此时绝不会容得下街中还有一条河。王汝璧此诗，作于嘉庆四年（1799）。

迄今我们发现唯一一首写梯云溪（以梯云溪命名）的诗，是乾隆年间济南泺源书院主讲沈可培《莲子湖舫歌一百首·梯云溪》：

> 梯云溪水响淙淙，玉带濚回一派通。
>
> 好事何人新凿凿，居民争说沈华东。

沈可培（1737—1799），字养原，号蒙泉，晚号向斋。浙江嘉兴人。乾隆三十七年（1772）进士，官黄县知县。乾隆五十一年（1786），应山东巡抚明兴之邀，主济南泺源书院讲席。著有《依竹山房集》《泺源问答》等。

沈可培此诗写于乾隆五十一年（1786），此诗未写梯云溪其容而是写梯云溪之声（"响淙淙"），在济南，在昔日街巷为"青青石板路"的时代，是可以听到石板下的淙淙水声的，特别是新雨之后，那声音分外鲜明。

因之，乾隆年间，亦当是梯云溪已经进入地下的年代。

再往前，是我们迄今所发现的最早的以芙蓉街之名写芙蓉街的雍正时代。

张文瑞（1685—?），字云表，号六湖，浙江萧山人。早籍太学有声，屡试不举。后随例谒选，雍正初授山东青州府同知。工诗。在其所著《六湖先生遗集》中，有两首写芙蓉街的诗歌。其一是《济南元夕》，还有一首《元夕后踏芙蓉街口占》（见前文《芙蓉街最早的文字记录》）。

由诗中可知，芙蓉街不唯是元宵赏灯好去处，平时还是踏街游乐最佳场所，也是去大明湖、水面亭踏春游览之通道（"老夫来踏七桥春"）。在这样一条繁华的街道与通道上，梯云溪的明流亦是不能设想的。

再往前推，就到了芙蓉泉建街的清康熙中后期，所以我们可以得出结论，梯云溪转入地下是与芙蓉街建街几乎同时或稍后的。

梯云溪的风光岁月，由嘉靖十五年（1536）开始至康熙后期，其间大约一百八十余年岁月，之后转入地下至今，又历三百年光景。

北芙蓉泉：秋水芙蓉一镜涵

北芙蓉泉在芙蓉街北，它已经略超出了芙蓉街的范围；但无论其名其实都与芙蓉街有所联系，所以也必得与读者诸君聊聊这眼泉。

现可见北芙蓉泉较早的文献，在明代济南名士王象春的《齐音》一书，其中有《北芙蓉泉》一诗：

> 碧霞宫左北芙蓉，深苇荒芦闭乳钟。
>
> 传说每年惊蛰日，居民床底吼蛟龙。

碧霞宫左芦荻苍茫，人不知其即北芙蓉泉也。南芙蓉为居民规入私宅，士人不共游赏，已杀风景。况此埋塞不复可辨，其天意密秘其胜，故留名泉一半，以待后人耶？

（《齐音》，济南出版社1993年版）

据本诗签注：北芙蓉泉在"碧霞宫左"。碧霞宫，在今岱宗街。岱宗街北起大明湖路，南至后宰门街，西邻百花洲，东邻万寿宫街。因碧霞宫在街上，故此街原名娘娘庙街，后改为岱宗街。民国续修《历城县志·地域考二·城内八约》载有"娘娘庙街"；该志《古迹考六》还载有"碧霞宫"条："碧霞宫行宫以十数，以德府后为古。"即此宫也。又载："碧霞宫即娘娘庙，在厚载门街路北。明正德十一年创建。嘉靖四十二年重修。乾隆三十九年重修。嘉庆十六年，布政使朱锡爵修葺。""碧霞宫左"，即碧霞宫东。据已故济南文史专家张昆河先生考证，北芙蓉泉泉址尚存，现已湮枯，遗址在今岱宗街廿三号院内，今又在其上建屋了。

可贵的是，王象春诗中不仅标示出此泉准确的方位，而且写出了此泉的环境与喷涌状况：它位于一片芦荻苍茫的水塘之中喷珠溅玉，据说每年惊蛰时日，附近居民的床底都能听得到泉的轰鸣。王象春激动地认为：在南边的芙蓉泉被规入私人宅院（韩观察韩应元宅），使得人们无法欣赏之时，这北芙蓉泉的复出如同天意，乃是后人观胜之福。

在其后数百年的岁月里，北芙蓉泉以其独特的美姿，与南芙蓉泉交相辉映，受到济南人的钟爱，尤其在清嘉庆十六年（1537）后，经过一次大规模的维护整修，北芙蓉之美前所未有，这有济南名士范坰的《北芙蓉泉》诗可以为证：

> 碑上名泉已遍探，濋泉大比尽流甘。
>
> 碧霞宫外新亭好，秋水芙蓉一镜涵。

名泉七十二，今存不及半。其新出有名者，巡抚署之濋泉，朱竹垞有《记》；贡院之大比泉。嘉庆十六年，又得北芙蓉泉于碧霞宫东畔水官庙前，作亭覆之。按《名泉碑》："芙蓉泉，在姜家亭前。"世远年湮，地名屡易，未识与瞻泰楼之芙蓉泉是一是二也。

（清刻本《如好色斋稿戊·风沦集》）

上文谈到，嘉庆十六年，山东布政使朱锡爵修葺碧霞宫。范坰诗的笺注中则提到，"嘉庆十六年，又得北芙蓉泉于碧霞宫东畔水官庙，作亭覆之"。这二者显然是一回事或曰一时所做，即是：布政使朱锡爵在修葺碧霞宫后，又将近旁的大约已经埋塞的北芙蓉泉挖出或疏浚，并且在泉上新修了亭子。这一泉水盛事被同时代人所铭记，范坰称此举为"碧霞宫外新亭好，秋水芙蓉一镜涵"，颇多礼赞风雅之意。

不过，范坰在此又提出一个问题，此泉与芙蓉街上、瞻泰楼西的芙蓉泉到底哪个是《名泉碑》上所载"姜家亭前"的芙蓉泉呢？甚至，它们是一个泉还是两个泉呢？这显然是个十分棘手的问题。姜家亭呀姜家亭，今古之人皆不知你当年究竟身在何处！

芙蓉街区寻找饮马泉

饮马泉是济南的历史名泉之一，但多少年来，它一直被张冠李戴；而它的真身，则被历史湮没。

饮马泉，又名饮马池。据2013年《济南泉水志》第一编"泉水揽胜"所载：

饮马池（泉）位于历下区泉城路北，原在山东省统计局院内。21世纪初旧城区改造后，在今红尚坊商厦处。明嘉靖《山东通志》载："在都司北，池有芙蓉堤，绕文庙东，俗呼叠道。"明崇祯《历乘》、清乾隆《历城县志》、道光《济南府志》均有载。都司，即明代设立的山东都指挥使司，清雍正年间撤裁，在其址设立泺源书院。故饮马池后又称"泺源池"。泉池面积50余平方米，水势甚好。1970年市自来水公司在泉侧钻井四眼，建成泉城路水厂，此后……遂被填没。

据笔者考证，上述这段介绍文字错误甚多。

其一，是嘉靖《山东通志》记载有误，它将饮马池与芙蓉堤两个条目，变成了饮马池一个条目。嘉靖《山东通志》的上述记载，来源于比它早几近百年的《大明一统志》。翻开《大明一统志·济南府志》，其中关于"饮马池"条的全文是：

饮马池，都司后（注：不是北），前有白云楼，今废，楼后有白云泉。

而紧相连接的另一条即是"芙蓉堤"，其全文是：

在文庙东，俗呼为叠道。

由此可见，饮马池与芙蓉堤原来是两个条目，而嘉靖《山东通志》在"搬运"的过程中将两者合一了，中间还莫名其妙地添加了"池有"两字，以作为连接。而其后的明崇祯《历乘》、清乾隆《历城县志》、道光《济南府志》等志书中关于饮马池的记载，均依据嘉靖《山东通志》，因而全是错误的。这一谬误流传甚广，使得饮马池不再是饮马池，芙蓉堤也不再是芙蓉堤了。而更为不幸的是，嘉靖《山东通志》还丢失了介绍饮马池的关键文字。

其二，由于两书年代不同，都司所在地便不一样，明代成化前，山东都司在濯缨湖上（即今珍珠泉大院），成化初年，在都司衙门建德王府，都司迁至西巷（约略相当原山东统计局大院）。而《大明一统志》成书在1461年，其时德王府未建，都司所在地尚在濯缨湖白云楼上。所以《大明一统志·济南府志》中关于饮马池的记载是"饮马池，都司后，前有白云楼，今废，楼后有白云泉"。有了这段文字，就更加真相大白了：原来，众里寻他千百度的饮马池就在白云楼的后面，与白云泉相隔不远。

由此我们解开了饮马池的一个历史谜团：饮马池乃是前在明初（成化前）都司衙门、后在德王府的泉池，与后一个西偏的都指挥使司（即在后来的山东统计局大院）的泉池毫无关系，而后者只是冒用了饮马池的名字而已。

无独有偶，近日笔

者在阅读清初山东诗人赵作舟的《文喜堂诗集》时，又发现了关于饮马池的记载。康熙三年（1664）前后，在原德王府驻地出现了一家名为"汇泉"的旅社（或为官办），当年"留省质讯"的登州府举人（顺治甲午）赵作舟便住进了这座旅社，旅社内有泉，名饮马泉。赵写有《汇泉偶成》《夏夜汇泉邸中》诗描绘当时的情况，其《汇泉偶成》：

> 晓河日射气如烟，投钓纷看饮马泉。
>
> 旧是宫花深绝处，白鸥春水自年年。
>
> （赵作舟《文喜堂诗集》，清道光四年刻本）

由此诗可知，清初，虽则德王府早已墙倒殿塌，而饮马泉的水况极佳，依然喷金吐玉，烟雨苍茫，一派美不胜收的胜景，前来看泉的人络绎不绝（"投钓纷看饮马泉"），人们甚至揽泉而建起汇泉旅社了。而赵作舟一眼便看出此泉原是德王宫内的泉（"旧是宫花深绝处"），此饮马池（泉）曾为德王宫内之泉，又一证也。

作为济南人，我们真的很是想念饮马泉及一切不幸湮灭的泉池。

如果今日饮马池尚在，它当在芙蓉街路东那一片民居和建筑之中，今云楼泉即白云泉（在西更道）不远处。而今，它已被掩埋，等待我们再一次唤醒它。

新亭时代——王府池子的最美岁月

清康熙五年（1666），山东巡抚周有德在德王府旧址建巡抚衙门，王府池子被划到署外，成为"飞入寻常百姓家"的"王谢堂前燕"，然而，没有人能够想到，在半个世纪之后，王府池子却迎来了生命之中最为辉煌的岁月，它的建设者，是时任山东巡抚的李树德。

巡抚李莪村，作意兴文化

打开乾隆《历城县志·古迹考三·亭馆二》，赫然入目的是"王府池新亭：巡抚李树德建。"下有"按"："濯缨湖，俗名王府池，明德藩白云亭在其上。"

"明德藩白云亭在其上"，应为"当年"，其时，白云亭早已不存。

李树德，生卒年月不详，字沛元，号莪村，汉军正黄旗人。出身世宦，其祖父李荫祖曾为直隶、河南、山东三省总督，其父李鈵亦官至巡抚。清康熙五十五年（1716）九月，李树德由登州镇总兵升任山东巡抚来到济南上任，此后直至康熙六十一年（1722）十月，他在山东巡抚任上整整干了六年时间。其间，他治漕治黄，赈灾开矿，其政绩有目皆睹，极为辉煌。宣统《山东通志》盛称李莪村在山东施政"仁惠恺悌，行所无事，迈隆前贤，修复祠宇，禁革一切摊派，六郡俱勒碑记之"；而山东民间则有"清官还生清官子"的民谣，唱赞李氏三代，此亦足见李树德之为人。李死后，入祀济南名宦祠。

王府池子及周围院落

李树德喜好风雅，尤注重文教。康熙五十六年（1717）二月，他曾亲往济南府学观风，选拔杰出之士入白雪书院。当时济南名士张希杰亦在选拔之列，张希杰在其《年谱》中称道李莪村道："李公加意作人，遴拔海岱名士，资以膏火，荟萃名区，一时称盛。"李莪村工诗，著有《巡河杂吟》一卷、《续吟》一卷。

上面不厌其烦地叙述李莪村的行仁惠之政与兴文教之举，乃是说明，李氏建筑王府池子新亭绝非一时心血来潮、偶然为之，而是其水平与境界使然。而且，他建，就要建得非同寻常，就要有艺术品位、审美价值。

文化景观与自然景致的完美融合

根据文献记载，曾经的王府池子，可比现在漂亮多了。

那时的王府池子，面积要比今天大许多，虽然有些荒凉冷落，但那自然景致与田园风味却是极其醉人的。我想：李莪村先生的聪明智慧即在于此，他丝毫不去破坏原有的自然景致，而只是有机地、和谐地融进文化的因素。为了说明这一点，我们先看当时的济南名士朱怀朴的诗。朱怀朴（生卒年不详），字素存，济南人，济南名门世族朱氏后人，诗人朱绅从子，廪生。慷慨好义，诗风清丽。著有《山民集》《禹登山房集》等。

朱怀朴诗题为《王府池新亭》：

> 泺源富流水，绿净如瓜瓢。东北负华鹊，参错复渺茫。
> 久厌市阛喧，壶觞慕林塘。咫尺得佳境，眉宇忽飞扬。
> 亭枕捞虾渚，横桥跨沧浪。雕阑作亚字，百步筑回廊。
> 小舫似越舲，蓑笠思吴乡。坐可漱鸣玉，千头数鲤鲂。
> 风中万杨柳，摇曳弄晴光。眠鸥翘鹭处，白蘋红荇香。
> 綮折无不妙，恍入辋川庄。珠泉同一脉，云物各低昂。
> 日暮水关闭，谁挟风雅航。更宜招茗饮，月明天苍凉。

由这首诗，我们清楚地看到了王府池新亭的高明设计：绝不伤其自然。

比方说，王府池子中，原有一个"沙渚"即沙洲，老百姓大约常在渚上捞虾，称之为"捞虾渚"，这要原样留着（换了别人恐怕早把这渚给清理了）；又比如，池中有"眠鸥翘鹭"的位置，千万莫去打扰，而池中水草如白蘋红茬，一任流香（"眠鸥翘鹭处，白蘋红茬香"）。

增加的建筑更是颇费匠心。首先，是亭，新亭，这必得是观赏王府池子的最佳处，当年这里便有著名的风景胜地白云亭，现在可要更上一层楼。这亭的位置你道选在何处？就在捞虾渚侧（"亭枕捞虾渚"）。这样，新亭便俨然成了一个"水中亭"，视野极为开阔，远可观华山鹊山（"东北负华鹊"），近可亲泉水（"坐可漱鸣玉"），池中架一横桥（"横桥跨沧浪"），得上下左右自如来往。其次是栏杆，如同绣花一般，全部作成"亞"字雕阑（"雕阑作亞字"），这字是不能简化的，否则便失去了雕阑的神韵。再次是回廊，人称"百步廊"，见过大明湖小沧浪那沿湖的画廊景致吗？我想这里不会比那里差分毫的，因为诗人朱怀朴见到此亭，情绪大振，连眉毛都自觉飞扬起来（"咫尺得佳境，眉宇忽飞扬"），觉得自己仿佛已经进了最美的"辋川庄"。尤有妙者，是王府池中还有小船往来（"小舫似越舣，蓑笠思吴乡"），真是一派如画水乡的美景。

是的，这是文化景观与自然景致的完美融合。我甚至想：在今天的泉城与泉水文化景观的申遗中，我们如果能拥有一些这样的山水景观，该有多好！

衰柳寒蝉淡夕阳

与李荠村同时或稍后，济南人十分充分地享受了王府池新亭的清新与风雅。此外，也有不少游宦济南的外籍人，有幸见到了这新亭，并且留下十分珍贵的吟咏之作。傅仲辰即其中之一。

傅仲辰（1674—？），字苍野，又字心孺，号晓塘。浙江山阴人。诸生。官山东主簿。诗清逸有致，著有《心孺诗选》。我们且看他的《经王府池》：

清歌妙舞锦缠头，茅社雄风逝水流。

剩有飞花依鸟吹，天然歌舞未曾休。

（清树滋堂刻本《心孏诗选》）

诗人说：过去的德王府时代的繁华豪奢虽则一去不返了，然而，王府池的天然之美质却是永远不会消失的，一个"天然歌舞未曾休"，以动态的美喻来说天然的王府池子，堪称绝唱。这显然是李莪村竭力保存王府池子自然美的成果。

这首诗写的是诗人经过王府池子，显然未及细看，然而已经给诗人留下深刻的印象。于是，没有过够瘾的诗人在一个月明之夜又再次前来，并乘兴写下另一首《王府池玩月》诗：

雨过平池增暮寒，清风吹月上云端。

亭台如画涵秋水，倚遍阑干只独看。

（清树滋堂刻本《心孏诗选》）

这次诗人就不仅是写王府池的自然景色了，他的兴趣转移到王府池的新亭和栏杆上来了。在月明之夜，这一池秋水与新亭回廊相映成趣，真的是如诗如画。还有那精致的"亞"字栏杆，诗人在这里独自望月，激动得将它们一个一个都倚了个遍呀！

王府池新亭究竟毁于何年？我们不得而知。但有文献记载：到了嘉庆后期它已经不复存在。这是我们从嘉道间济南名士范坰的诗里得知的。范坰（1768——？），字伯野。清代济南诗人。他在为谢焜《送陈中丞入都诗集》所作的"跋"中称自己"随宦山东，亲没无所归，占籍历下，为齐民已三十余年矣"。范坰爱家乡山川，尤爱家乡清泉，他与济南名士周乐、谢焜、何邻泉、李偁结鸥盟诗社，于济南七十二泉品题殆遍，自名：品泉生。著有《如好色斋稿十卷》（诗六卷、文四卷），其中含咏歌济南山川名胜的《新齐音风沦集》一百首。其七十九为《王府池新亭》。在这首诗的笺注里，范坰称："王府池新亭，李中丞树德建，朱怀朴有诗。今废。"诗如下：

> 亞字栏干百步廊，新亭风月好清凉。
>
> 白蘋红蓼添秋思，衰柳寒蝉淡夕阳。

（清刻本《如好色斋稿戊·风沦集》）

济南人永远忘不了那"亞字栏干百步廊"的新亭美景，这七个字，构成了济南三百年前的一处标志性文化景观，也给今天的我们以宝贵的文化启示。

王府池不是濯缨泉　道光志乱点鸳鸯谱

将濯缨泉与濯缨湖混为一体，并进而将王府池子指为濯缨泉，是由道光《济南府志》上的一处错误记载产生的，是济南泉水研究中的一处败笔。遗憾的是，这一错误为1997年版《济南市志·泉水篇》和新版的《济南泉水志》所承袭，在济南历史文化研究领域及民众之中影响很大，造成诸多混乱。这是一桩迄今近200年的历史公案。

闲暇时逛芙蓉街，去王府池子，看到池南那块镌刻着"濯缨泉"三个大字的石碑，总禁不住喟然叹息：这明明白白一个濯缨湖，怎么变成了濯缨泉呢？

这样做的结果，不仅对王府池子（即濯缨湖）张冠李戴，也使得沉埋于地下的濯缨泉将永无出头之日。

王府池子不是濯缨泉，濯缨泉与濯缨湖实为两泉

造成这一错误的根源在于，它将濯缨湖与濯缨泉两个泉混为一谈，合二为一了。

查阅济南（山东及历城）历代地方志与有关记载，濯缨湖与濯缨泉均为

王府池子（濯缨湖）

历历分明的两个泉池。

据元于钦《齐乘》所录金《名泉碑》："历下名泉有……曰濯缨，北珍珠西；曰灰泉，濯缨西北。"濯缨，即濯缨泉；灰泉乃是濯缨湖之前身。由此可知，金元时，濯缨泉与濯缨湖便是并行存在且有相当距离的两个泉。《名泉碑》还记录了灰泉即濯缨湖非同一般的水量水势："府城内灰泉最大，周回广数亩。"

明代，濯缨湖与濯缨泉仍是并行不悖的两个泉。明成化初年，濯缨湖（灰泉）规入德王府，而德王朱见潾称："此处有七十二泉，惟白云、珍珠、濯缨、灰泉在府内。"（朱见潾《白云亭记略》）以濯缨泉与灰泉并称，足见此为两泉。再后，明末叶承宗作《历城县志》，其卷二"濯缨湖"条："本名灰泉，合北珍珠、散水、濯缨、朱砂、刘氏、溪亭诸泉皆汇此。"亦为灰泉与濯缨（泉）并行。

清代，在乾隆《历城县志》中，除了以《名泉碑》所记来标定濯缨泉的位置在"北珍珠西"外，谈到濯缨湖时，还特别指出："湖水之源……在巡抚署内，其西出者为濯缨湖，今为墙垣所隔，且湮其半矣。"（清乾隆《历城县

第二章　泉池水道

志》山水考四）由此可见，濯缨湖正为由抚院西出之水所成王府池子是也，不过面积比原来小了一半。

唯一一种将濯缨湖与濯缨泉混为一谈的是道光《济南府志》，在其卷六"濯缨湖"条中称："濯缨泉称湖前，在德王宫内，今在院署西墙外百余步，俗称王府池子。"这次的泉湖相混，应该是将后人移入迷津、造成混乱的唯一可能与依据。试想：濯缨泉一个普通的泉，怎么能一下子变成大湖呢？而稍后的济南名士王钟霖作《七十二泉考》，便受其影响错误地称"濯缨泉即濯缨湖"。

这种泉湖合一的说法毕竟缺乏历史与现实的依据，没有形成气候，它理所当然地没有得到世人公认。就在1926年成书的民国《续修历城县志》中，编纂者明确地将濯缨泉与濯缨湖分成了两个条目，且引济南名士范坰"王府池即濯缨湖"语，将写王府池之诗恰如其分地列入"濯缨湖"条。《历城县乡土调查录》（1928）亦然。

历史上，濯缨湖、泉作为两泉，可谓铁证如山，在在皆是。遗憾的是，1997年版《济南市志·泉水篇》和新版的《济南泉水志》，却欠缺斟酌与分析地采用了上述道光《济南府志》的说法。作为权威的济南泉水资料的发言平台，这一结论在济南民众及研究者之中，自然影响巨大；由此，对此二泉的认知，人们进入一头雾水的状态。

灰泉 = 濯缨湖 = 王府池子

事实上，濯缨泉从未称湖，称湖的是灰泉，是那个大到可以放龙舟的灰泉。

据明英宗正统六年（1441）成书的《大明一统志·济南府志》"濯缨湖"："在府城内，都司西北，本名灰泉，合北珍珠、散水、濯缨、朱砂诸泉，皆汇于此，周广数亩，元宪使竹希仁改今名。"

这就是说，也许觉得灰泉之名称不够雅驯，作为山东东西道肃政廉访使（一作副使）的竹希仁便将灰泉改为濯缨湖。平心而论，这名字确实改得好，

"濯缨"之高雅自不必说，而"湖"亦尤为贴切，因非如此不足形容其世所罕见的大与美："俯视澄渊，须眉可鉴，杨柳交匝，金鳞游泳，龙舟荡漾，盖世奇观。"（明叶承宗《历城县志》卷二"封域山川"）然而，基于传统和习惯的力量，名字虽好，却不是说改就能改的，有时甚至要走回头路。比如，到了明朝中叶，德王朱见潾依然要称其为灰泉，甚至到了清初，济南诗人朱缃依然要作"灰泉别墅"的诗歌，因为他的朋友就将其建在濯缨湖的建筑称为灰泉别墅。这说明在相当长的历史时期内，濯缨湖和灰泉两个名字是并行不悖的。当然，这之后它又有了第三个名字：王府池子。

《大明一统志》与嘉靖《山东通志》都称濯缨湖在"都司西北"，未言明是否在都司之中。由叶承宗《历城县志》说濯缨湖"今规入德藩"一语分析，濯缨湖在民间可能性最大，它的宏大美丽打动了朱见潾，使其必欲得之而后快。于是，濯缨湖于成化初年成为朱见潾的"家泉"。殊不知170年后的崇祯十二年（1639），清军南下攻陷济南，末代德王被掳，德王府成为残破的废宫。清康熙初年，山东巡抚周有德在原德王府基址上，缩小规模建山东抚署，也就等于"腰斩"了这个泉，使其一部流落（或曰重新回归）民间，一部仍留署内（此前引乾隆《历城县志》"今为墙垣所隔，且湮其半"之谓也）。而回归民间的这一部分，人们为了记其曾经的历史由来，通俗简便地称其为"王府池子"。由此亦可想见当年这濯缨湖的确是湖一样的浩渺与美艳。如今，珍珠泉大院西北隅的一片水域仍然名之曰：濯缨湖，其实与墙垣之外的王府池子同属一家。

最后，还要说几句灰泉和濯缨泉。灰泉，由上面的论述可知，它已化身为濯缨湖而存在于世，可如今有关泉水书籍却将王府池西北的一个小小的长方形池子指为灰泉，实在文不对题。濯缨泉，今已失迷；若问失迷在何年，尚待考。不过，该泉现在沉睡在珍珠泉西侧是毫无疑问的，我们期待着它有朝一日重见天日！

王府池子行船考

自打清康熙五年（1666）山东巡抚周有德在原德王府故址建巡抚署，濯缨湖便被一分为二，署内仍为濯缨湖，署外部分亦为濯缨湖，又称王府池子。因那署乃是山东第一官宦衙门，戒备森严，署内的濯缨湖人们难以见到，所以时间一长，这王府池子与濯缨湖的名称便都被署外的大泉所拥有了。

当年这两个部分为一体时，在湖上行船是常事，问题是两湖隔开以后，这署外的王府池子还能行船吗？

这王府池子即署外之濯缨湖，位于王府池子街中段路西。泉池长方形，长42米，宽31米，水面达1300平方米，深1.7米。出露形态为串珠状上涌，水自池底及西岸岩孔涌出，沿曲溪向北折向东流，穿民居，过石桥，至曲水亭，汇珍珠诸泉之水，经百花洲入大明湖。如今面积还不算小，但已无行船可能。

其实据文献记载，王府池子在很长的历史时期内，还是可以行船的。

清康熙后期，济南名士朱怀朴有《王府池新亭》诗，诗中谓："小舫似越舲，蓑笠思吴乡。坐可漱鸣玉，千头数鲤魴。"越舲，是一种较小的船，当时人们还是能够乘上它在王府池子里游乐的。到了嘉庆年间，又有孔子七十一代孙、曲阜圣裔作家孔昭虔（字元敬，号荃溪）《明湖棹歌词》专咏此泉：

> 水西桥外濯缨泉，日暖清秋放鸭天。
>
> 薄暮采莲人不见，轻风吹转渡头船。

这泉池似乎更加威风大气，可以行船放鸭，可以驾舟采莲。据道光《济南府志》，濯缨湖"前在德王宫内，今在院署西墙外百余步，俗称王府池，围圆四十余丈"。这围圆四十余丈，比现今的面积要大许多，所以行船放鸭自不在话下。

这样的例子我们还可以举出许多。如诗人王鸿《濯缨湖》：

濯缨濯缨流渐清，沧浪亭系故乡情。

昔年曾唱沧浪曲，此地遐思湖水名。

春波绿兮秋水白，湖中一棹来吟客。

有缨不濯清且新，笑人乌帽黄尘积。

君不见湖中风雨鱼化龙。长啸归乎东海东。

又不见百花桥下濯缨去，孺子歌声起何处？

（民国《续修历城县志·山水考八》）

　　王鸿（又名鹄，字子梅）自道光九年（1829）来济，居于历下亭达七年之久。其游濯缨湖正是乘船而游的（"春波绿兮秋水白，湖中一棹来吟客"）。

　　与王鸿差不多同时，济南又有名士陈永修来游。陈永修（生卒年不详），字子慎。清代济南府历城县（今历城区）人，诸生。少从师同邑学者马国翰，亟蒙矜赏。性宽和，遇事刚毅。中年后居家授徒。博雅工诗。著有《鲍西楼诗文集》。其《历下杂咏》诗云：

濯缨莲叶小于钱，卧柳虽多不碍船。

两岸新苗才过雨，夕阳影里看田田。

（民国《续修历城县志·山水考八》）

　　诗写得轻松活泼，颇有趣味，而"卧柳虽多不碍船"，为泉池行船又一明证也。

腾蛟泉与起凤桥

腾蛟泉位于王府池子街北端路中偏东，泉池呈长方形，南北1米，东西0.55米，深0.86米。泉池东墙嵌着济南名士李僴于清同治六年（1867）题写的"腾蛟泉"刻石。泉水流出后沿地下河道北去，汇入大明湖。

据民国《续修历城县志》，李僴字仲恂，号闲人，清代济南府历城县人，道光八年（1828）举人。官清平县训导二十余年，及门弟子多有成就。李僴与另一位济南名士余正西先后受业于耿梅溪之门，其诗清超绝俗，七言古诗颇有成就，而其人则才俊性旷，睥睨一世，不随人为俯仰，当时在济南有"才子"之目。著有《耐寒轩诗集》《有余闲斋》《东游草》等。

昔日腾蛟泉一带，青砖灰瓦之四合院鳞次栉比，街巷内曲溪绕宅，垂柳依依。清泉碧水，小桥人家，不是江南，胜似江南。

关于腾蛟泉的来历，在清代济南诗人范坰《风沦集》的《梯云溪》一诗

腾蛟泉 李铭摄影

起凤桥上观濯缨湖北流

中，交代得很是清楚。诗云：

> 望重青云傍九霄，梯云溪上画梁遥。
>
> 当年芳版题名处，但听人呼起凤桥。

在该诗的笺注中，范坰写道：梯云溪在府学前。顺治十三年，夏中丞玉建桥曰"青云"，坊曰"腾蛟起凤"。康熙四十二年（1703），黄方伯元骥重修。今坊废桥存，人呼为"起凤桥"云。

原来，在清顺治十三年（1656），山东巡抚夏玉在此修建了一座桥和一座坊，桥的名字为"青云"，坊名"腾蛟起凤"；到了康熙四十二年（1703），山东布政使黄元骥又重修了桥与坊，这显然是为了激励来济应考的学子刻苦攻读，以求飞黄腾达。后来，人们把附近的泉命名为腾蛟泉；而桥，则命名为起凤桥。如今，坊已废毁，石桥犹存。笔者以为，以今起凤桥之小且偏，此说未必。

到了清代中后期，文人郝植恭在撰写《济南七十二泉记》时，不仅把腾蛟泉列为有清一代济南"七十二名泉"，并进一步阐述了该泉取名的含义："曰腾蛟，如蛟之得云雨而飞腾也。"

每年的丰水期是观赏王府池子街一带泉池的最佳时节。那时的腾蛟泉泉池水面离地平面不足半米，人们伸手便可取水。附近居民在这个季节多于此取水洗衣洗菜，尽得其便。

芙蓉街区其他泉池

芙蓉街区有泉水30处之多。其中，在金《名泉碑》的，有灈缨泉、灰泉、知鱼泉、朱砂泉、刘氏泉、云楼泉、芙蓉泉，共七处，名列明代《济南七十二泉诗》中的，有濯缨泉、芙蓉泉、鱼池泉、知鱼池泉、灰泉、刘氏泉，共六处，在清代《济南七十二泉记》中的，有朱砂泉、白云泉（云楼泉）、腾蛟泉、芙蓉泉、濯缨泉，共五处；在济南新七十二名泉中的，有濯缨泉（应为濯缨湖）、芙蓉泉、腾蛟泉，共三处。

芙蓉街不仅名泉众多，且泉水文化积淀深厚，时至今日，仍有不少泉池水况良好，如芙蓉泉、濯缨湖、腾蛟泉、云楼泉、起凤泉、小王府池子等。清泉淙淙，烟柳依依，数百年来，为这条名街带来了生命与活力，增添了动人的色彩与韵味。

现将上文未涉及的泉池简介如下。

起凤泉：位于起凤桥街9号院，王府池子北。原为无名泉。1994年以所处街巷命名。起凤泉命名来源于起凤桥，而起凤桥的命名，则来自清顺治十三年（1656）建成的腾蛟起凤坊。泉池方形石砌，长2.19米，宽2.08米，深1.5米。泉水出露形态为渗流，常年不竭。尤值得一提的是，由濯缨湖形成的清澈见底的溪河，过起凤桥，恰由起凤桥街9号院亦即起凤泉前通过，古桥、溪河、清泉、垂柳相互映照，此处景致美不胜收，令人流连不忍离去。

朱砂泉：在芙蓉街94号院落内，泉池长方形，泉池仅有1米见方，由块石砌垒。泉常年不竭，泉水经地下通道，注入王府池子。

金《名泉碑》、清《七十二泉记》收录此泉。《名泉碑》"曰朱砂，灰泉西"。在清代郝植恭的《济南七十二泉记》中称该泉"曰朱砂，曰胭脂，以其色也"，由此可见泉水之美，郝植恭将朱砂泉列入济南七十二名泉的行列。明成化年间德王曾将该泉圈入王府中，但到了清代康熙初年建山东巡抚衙门时，又将它排除在衙门之外，使其流落于街巷的民宅之中。1994年它被覆盖于水泥地下。2002年，经济南市有关部门抢救修复，该泉始见天日。

刘氏泉：位于西更道街北端路西。泉池为方形，石砌，长宽各1.8米，深0.68米。泉水出露形态为渗流，常年不竭。东、北、南三面装饰兽头石雕栏杆。泉池南侧为珍珠泉水与王府池子水相汇之处，溪流潺潺，小桥卧波，流水当门。西面临水渠，又称曲水河。泉水自西侧池壁溢出，汇入曲水河，流经百花洲，注入大明湖。20世纪60年代初曾被填埋，1998年12月修复。

金《名泉碑》、明《七十二泉诗》收录此泉。明代晏璧的《七十二泉诗》云："泉名刘氏果何人，千载风流数

伯伦。天产酿泉清可掬，松花满泛瓮头春。"诗人推测刘氏是一位酿酒者，他借用这一湾清泉来酿制佳酿翁头春（一种初熟之酒），此泉因而得名。刘氏泉附近风景具有浓郁的江南风韵，因此明代德庄王朱见潾在珍珠泉泉区建德王宫时将它圈入府内，直到清初巡抚周有德在德王府旧址上建巡抚衙门时才脱出圈外。

小王府池：位于历下区王府池子街南首，别名老王府池子。泉池为长方形，石砌，长3.42米，宽2.75米，深0.64米。泉池形状酷似王府池子，只是略小些。泉水出露形态为串珠状上涌，常年不竭，沿途汇合众泉，流向百花洲，注入大明湖。

如同腾蛟泉一般，这小王府池非是深藏公园或深宅大院的泉池，乃是一处向所有世人展露美姿并任人享用的街上泉。泉南面恰临一住户北窗，竹帘清韵，风雅无比；而其西面则恰对一住户大门，似与人们朝夕相处，脉脉相视，温情可人。尤其斜阳余晖，泉水熔金，更是如诗如画，韵味无穷。

神庭泉：位于王府池子街41号院内，与玉枕泉、太乙泉、小王府池子相邻。原无名，1994年济南市建委组织泉水调查时拟名。泉池为长方形，石砌，长0.64米，宽0.4米，深0.94米。泉水出露形态为渗流，常年不竭。

　　玉枕泉：位于王府池子街39号院内，与神庭泉、太乙泉、小王府池子相邻。原无名，1994年济南市建委组织泉水调查时拟名。泉池为长方形，石砌，长1.56米，宽0.5米，深0.4米。泉水出露形态为渗流，常年不竭，积水成池。原池水清澈甘甜，并蓄养锦鱼。后有生活用水流入，水质受到污染。

　　清泉：位于王府池子街19号，近临王府池子。原为无名泉，2007年命名为清泉。池呈井形，石砌，直径0.6米，深1.2米。泉水出露形态为渗流，常年不竭，积水成井。

　　平泉：位于平泉胡同路西，金菊巷1号旁门内。原为无名泉，因原平泉已消失，居民便将该无名泉沿用"平泉"名称。出露形态为渗流，常年不竭，供附近居民生活用水。今泉池呈长方形，半石砌，长0.9米，宽0.6米，深1.08米。

　　银珠泉：位于平泉胡同11号。原为无名泉，2007年命名为银珠泉。泉池呈井形，石砌，直径0.55米，深1.2米。泉水出露形态为渗流，常年不竭，积水成井。

　　源泉：位于西更道街20号。原为无名泉，2007年命名为源泉。泉池呈井形，池口石砌，井壁砖砌，直径0.4米，深0.84米。泉水出露形态为渗流，常年不竭，积水成井。

　　碧玉泉：位于西更道街2号。原为无名泉，2007年命名为碧玉泉。泉池呈井形，石砌，直径0.7米，深1.5米。泉水出露形态为渗流，常年不竭，积水成井。

　　南芙蓉泉：位于芙蓉街132号院内，因位于芙蓉泉南而得名。泉池为方形，水泥修筑，长1米，宽0.8米，深1.9米。泉水出露形态为渗流，常年不竭。水位不受季节影响，人称神泉。原有泉名砖刻。近年来，因芙蓉街污水管道老化漏水，经常污染泉池。市名泉保护部门多次进行整修。

　　水芸泉：位于芙蓉街95号。原为无名泉，2007年命名为水芸泉。池呈井形，池口石砌，井壁砖砌，直径0.4米，深1.36米。泉水为渗流，常年有水，积水成井。

苏家井：位于芙蓉街76号苏姓居民院内，故得名苏家井。泉池呈井形，水泥修筑，常年有水，积水成井。池岸东屋墙壁上嵌1995年当代书法家启功书苏家井泉名刻石。

水华泉：位于芙蓉街61号。原为无名泉，2007年命名为水华泉。池呈井形，池口石砌，井壁砖砌，直径0.5米。泉水出露形态为渗流，常年不竭，积水成井。

水芝泉：位于芙蓉街5号。原为无名泉，2007年命名为水芝泉。泉池呈井形，石砌，直径0.25米。泉水出露形态为渗流，常年不竭，积水成井。

关帝庙泉：位于芙蓉街38号关帝庙内。泉池为石砌井形，井口直径0.51米。泉水出露形态为涌流，常年不竭。

无名泉：位于芙蓉街73号院内。泉池为井形，砖石砌就，井口直径0.7米，常年有水。

太乙泉：位于王府池子街南端，民国《历城县乡土调查录》有记载。泉池以砖砌成圆形，直径0.8米，深1米，水旺盛，原为居民饮用水源。20世纪80年代泉池被覆盖，上建小房。

JINAN 济南故事

第三章

名士风流

芙蓉泉西瞻泰楼

却说明代嘉靖年间，芙蓉泉西，有一座高耸耀眼的建筑，名曰：瞻泰楼。楼前还有一泉，名唤玉环。那时的芙蓉街尚未成街，这楼在芙蓉、玉环两个名泉的辉映下，更加华彩动人。楼的主人为颇享盛名的济南名士、官拜德王府长史的许邦才。清代，有风雅之士王初桐专咏此楼曰：

> 瞻泰高于四照楼，芙蓉泉口假山头。
>
> 坐闻十棒冬冬鼓，知是游湖六柱舟。

四照楼为何？清初山东提督学院署之高楼也，矗立明湖之南学院街上，为济南一著名楼观。王诗称瞻泰楼比那四照楼还要高峻宏伟，不为虚言。因此楼清代尚完好无损，清初大诗人田雯说："殿卿（许邦才）与于鳞（李攀龙）同时，迄今芙蓉泉西有读书楼在焉。癸亥春，余题诗壁上曰：'晴霞飞不断，湖水含泓澄。一丛白菡萏，无数红蜻蜓。我爱许长史，诗思何泠泠。'"（见田雯《黔书》）

细思之，楼以瞻泰为名，可不是言其高敞可观瞻泰岱吗！

许邦才（1514—？），字殿卿，号空石。济南人。嘉靖二十二年（1543）乡试第一，人誉称"许解元"，声名甚著，而此后却数入科场不利。嘉靖三十二年（1553）谒选直隶州赵州知州，改调永宁知县，后来升为德王府长史。长史者，大总管也，即驻藩济南的德藩王府之相爷是也。

许邦才工诗善弈，所交皆一时名士。所以，瞻泰楼的名气不仅在于它的高耸宏敞，更是因为它是许邦才与另两位好友——济南籍大诗人李攀龙、高官殷士儋的敲棋煮酒、赋诗唱和的风雅之地也。

原来，这三人自幼同窗，结下深厚友情。李攀龙（1514—1570），号沧溟，字于鳞，嘉靖二十三年（1544）进士，历官刑部主事、郎中、顺德知府、陕西提学副使等。主盟明代文坛，为"后七子"领袖。王世贞誉其诗品之高为"峨眉天半雪中看"（《漫兴十绝》）；胡应麟则称其为"高华杰起，一代宗风"（《诗薮》）。

许邦才与李攀龙志趣相投，交谊甚厚，且为儿女亲家（许之长女嫁李之次子李驯）。李攀龙赞他："酒态美如嵇叔夜，诗才清似沈休文。"许邦才诗风追随李攀龙，而气格或有不逮。许诗大抵舒缓有致，声调幽远，典雅温厚。如田雯称其诗曰："蔼恻和平，得风人之旨。"（《黔书》）

李攀龙

而较二友少八岁的殷士儋则官至明代隆庆朝相国。殷士儋（1522—1582），字正甫，号棠川。嘉靖二十六年（1547）举进士，后为裕王讲官。穆宗即位后，升为侍读学士，掌翰林院事，其后任礼部、吏部右侍郎，礼部尚书，隆庆四年（1570），以本官兼文渊阁大学士入内阁。谥"文庄"。殷诗风格雅丽沉雄。明代礼部尚书冯琦（字用韫，山东临朐人）称其诗："铨序景物，品骘今古，登高而赋，饯别而慨，体齐鲁之雅驯，兼燕赵之悲壮，采吴越之婉丽，以争胜于历下、娄水之间。"

李攀龙于嘉靖三十八年（1559）在陕西提学任上，因对陕西巡抚殷学的颐指气使不满，一怒之下，拂衣东归，先后在济南东郊、大明湖百花洲筑起白雪楼。时鬓年好友殷士儋家居，许邦才任德王府长史，三人于瞻泰楼、白雪楼雅集赋诗，品茗敲棋，谱就一曲千古风流佳话，为其后文人骚客吟诵不绝。

清代康熙年间，济南有文士任弘远（1677—？），字仔肩，号添湄。此人原籍河东（今山西省），因经营盐业来到济南。这任弘远幼负逸才，性好吟咏，弱冠时便写出《春草碧色》诗，见赏于诗坛巨擘王渔洋先生，王呼之为"春草秀才"，并谓其可与"王黄叶"（王苹）齐名。长大来，任氏喜好壮游天下，走南闯北，增广阅历，豪爽尚友，结交名士。他所交皆当代宗工，所以见识、境界颇为不凡，诗词古文蔚然成家。著有《鹊华山人集》《见山亭集》《南游草》《西征稿》等。而尤值得一提的，是任氏对济南历史文化有着浓厚兴致，济南唯一一部泉水志著作《趵突泉志》便出自其手。自然，明代这三位先贤的生存遗迹与风流逸事也是他的关注对象。他写有诗作《瞻泰楼明许解元邦才别墅，在玉环泉》：

> 长史风流说许君，高楼日拥岱宗云。
>
> 空青故向轩窗入，匹练遥从几簟分。
>
> 相国敲棋春共醉，郎官对月夜论文。
>
> 玉环泉上朱栏渺，风过方塘皱绿纹。

（参见民国续修《历城县志·古迹考一》）

诗的前两句抒写许邦才的风流气质，以及瞻泰楼的高敞壮丽，接下来写楼外的蓝天绿树与潺湲飞泉。一个"匹练遥从几簟分"，说明瞻泰楼若无芙蓉、玉环这二泉的衬托，将会风味递减。然而，还有更加切要的，是人物。聪敏的任公说，这一切的美丽与风雅，最是由名人雅士带来的："相国敲棋春共醉，郎官对月夜论文。"相国，谓殷士儋；郎官，谓李攀龙，李曾任刑部郎中。这些都是何等人物，他们敲棋论文，享受人生，较之那些官场上的明争暗斗、尔虞我诈，这才是真正值得大书一笔的潇洒岁月、美丽人生。所以诗人使用了"春共醉"这样温馨陶情的字眼，来写他们的弈棋与赋诗之乐，实在是精妙极了。最后，诗人感叹，可惜这一切如今都像玉环泉上的朱栏（即指楼或泉之栏也）一般渺无踪影，只有玉环泉水依然展示出如同纹枰的绿波。

出于对瞻泰楼的深厚感情，济南流传有不少故事传说。如清代济南诗人范坰写有《芙蓉泉》诗："芙蓉泉上访遗书，右史英魂恋故居。自古并无千载业，禁他厮仆待何如？"而在诗后的注文中，范坰写道："许长史邦才字殿卿，宅在布政司街路东，有瞻泰楼，乃与于鳞唱和处。后宅为胥吏所得，命仆扫楼，忽见朱衣人云：'尔何人？敢居吾室。'大骂其主，已而暴死。"

朱衣人者，许邦才殿卿先生是也。

王府池子有位大画师

——清代名宅枣香居与其主人朱仑仲考略

将近三百年前，王府池子即濯缨湖岸边有一处颇具艺术范儿的优雅小院，柳绿花香，鸟语啼啭，院内有一棵枝繁叶茂的枣树，秋来常常散发出浓郁的枣香。主人将这里称为"枣香居"。

民国续修《历城县志》特意将这个小院收录在"亭馆"的条目中（参见民国续修《历城县志·古迹考四·亭馆三》），由此我们便可以看到这小院及其主人的分量。

小院的主人是朱岷，清代康雍乾年间济南的著名画家。

据《清画家诗史》：朱岷，字仑仲，一字道江。武进人，原籍历城。工山水，兼善指画，精隶书。

谈到朱岷的绘画艺术，就连其好友、清代山东画坛的头牌人物高凤翰都对他钦佩有加，赞不绝口。高凤翰有诗云：

> 我有画友朱家老仲真怪绝，所见常与神鬼通。
>
> 当其落笔叫得意，何有古法横胸中。
>
> 寻常我亦肆涂抹，对之辄自羞秋虫。

（《题五岳横秋图赠朱仑仲》，见《南阜山人诗集类·稿湖海集类之二》）

高凤翰还有：

> 仑仲作画能放胆，天公飞雨作烘染。
>
> 有时穿漏几点晴，更抹夕阳为妆点。
>
> 人言笔墨能通灵，如君直与鬼神争。
>
> 不然一画何与天公事，忽雨忽晴作灵异。

（《戏题朱仑仲画》，见《南阜山人诗集类稿湖海集类之二》）

诗写得真是漂亮！如同天马行空，腾云驾雾！

由此亦可知，朱岷之所以在艺术上卓有成就，乃是其具有作为艺术家的最可宝贵的素质之一：放得开，其想象力、创造力大为富有，而这正是艺术大家有别于画匠的根本原因。也许，正因为他的这种艺术家的创造个性，使其在现实中却屡屡受挫。朱岷显然是一位不拘小节、不守传统规矩的"狂人"或曰异类，这就必然会在礼法森严、动辄得咎的专制的传统生活格局中碰壁。其好友张元有《赠朱仑仲二首》可见端倪：

> 一见辄相识，嗟君罹百忧。才名留北阙，乡梦隔南州。
> 空抱荆山璞，谁怜季子裘。十年客历下，落拓不胜愁。

> 侘傺今如此，悠悠寄一身。米薪托翰墨，书剑落风尘。
> 自识疏狂误，因嗟时命屯。可怜穷彻骨，尚济友人贫。

（清钞本《绿筠轩诗四卷》卷第一）

诗歌道尽了朱岷的人生际遇与坎坷经历，他的痛苦、隐秘与辛酸，特别是他的正直与善良，感人泪下。"可怜穷彻骨，尚济友人贫"，这样的高风亮节，实在令人感佩！

尽管如此，朱岷在济南、在枣香居的岁月依然是幸福惬意的。据诗人颜懋侨《题朱仑仲枣香居》二首：

> 旅馆不疏索，与君托比邻。过湖无巷隔，问水到门频。
> 勋策糟丘大，名求桑苎新。何妨归计缓，同作济南人。

> 博得细君媚，拔钗沽酒行。春寒花晚出，院小草初生。
> 乱水都归寺，晴岚尽压城。多君清兴好，斗起故园情。

（《续修历城县志·古迹考四》）

颜懋侨（1701—1752），字幼客，号痴仲。山东曲阜人。复圣颜渊六十九世孙。颜光敏孙，颜肇维仲子。乾隆二年（1737）恩贡，八年选授观城教谕。以诗名当世。

颜懋侨自22岁从济南著名诗人王苹学诗，居于济南，看来亦在王府池子附近，故称与画家朱仑仲"比邻"；诗中"湖"，即指濯缨湖。

从诗中"过湖无巷隔，问水到门频"来看，枣香居是一个紧贴王府池子即濯缨湖水的枕湖小院。"乱水都归寺"，乾隆间王府池子上有寺庙在。颜懋侨在诗中赞美主人不以追逐功名利禄为念的情怀与境界。朱仑仲在枣香居里，养花种草，颇具雅兴，近观湖上碧波，绿柳红荷，远赏青葱群山，清兴怡然，更为重要的，是家有美貌贤惠的妻子，更添一份"红袖添香夜读书"的雅兴，况且，这娇妻不唯貌美，更理解他的苦衷，支持他的创作，甚至对他好酒的习气也能理解宽容（"拔钗沽酒行"）。这样的日子，古人谓之"自在贫"，即虽则清苦，也是幸福自在的呀。

无独有偶，另一位颜家兄弟颜懋伦也是朱岷好友，亦为枣香居之拉呱常客，亦写有枣香居之风雅诗歌。颜懋伦（1704—?），字乐清，号清谷。清代山东曲阜人。少孤苦，性孝友。雍正七年（1729）拔贡，官鹿邑知县。著有《癸乙编》《端虚吟》《夷门游草》《颜清谷四编诗》等。颜懋伦诗题为《过朱仑仲书屋》：

老街印象 康平摄影

濯缨湖畔小桥通，柳市直南又近东。

善病人家春漠漠，学书庭院草蒙蒙。

过墙红软桃花径，背水虚寒枣树风。

会得田郎潇洒甚，生来清俊与君同。

（清稿本《海岱人文三十三种四十五卷·癸乙编》）

颜氏两兄弟的诗，使得我们大大丰富了对画家朱岷及其枣香居的了解与认知。

"濯缨湖畔小桥通，柳市直南又近东"，濯缨湖畔的枣香居书屋有小桥可以通达，幽雅之至；而其西北则有名曰"柳市"的集市，这名字我们第一次听到，也似乎比现今所有集市的名字都有诗意和济南味道。"善病人家""学书庭院"，我们似乎感觉到一点儿不幸，即主人公身体不咋的，不过没有关系，这小院里有无边的漠漠春意；在这烟雨泉池、春草烂漫的王府池边读书（学书，读书也）作画，实在是一种人生享受；过墙的隔壁，则是桃花半含，红艳醉人，而临水的书屋时有风来枣香，正书屋之雅称也。"会得田郎潇洒甚，生来清俊与君同。"田郎，济南府德州著名诗人兼高官田雯之孙田同之是也。田同之（1667—？），字彦威，别字西圃，号在田，又号小山姜。康熙五十九年（1720）举人，官国子监学正。著有《西圃集》《二学亭文涘》《砚思集》等。沈德潜称其诗"称指也微，感心也異，取格也高，流韵也远，挹之有神，索之无迹，得唐贤三昧风味"。田同之为朱岷好友，实为惺惺相惜，盖二子同为潇洒清俊、不同流俗而经历坎坷、命途多舛之贤士也。

董 芸：芙蓉泉上坐著书

平原香草今诗人，风度曲江有为后。

偶然寄迹芙蓉泉，闭门扪句未肯苟。

旁搜非欲掩前贤，博采方将称尚友。

……

这是清代寓居济南的滇南名士刘大绅（字寄庵）为董芸所著《广齐音》一书题写的诗。诗中对董芸其人及其诗作，均十分叹赏。刘大绅为乾隆进士，曾在山东任新城县令、武定府同知等，对济南山水多有题咏，辑有《明湖诗草》一卷。这位做官颇有政声、写诗亦有诗名的名士贤达，为什么会对董芸如此激赏呢？此中大有缘由。

董芸（？—1801），字香草，号书农。济南府平原县人。嘉庆三年（1798）举人。《平原县志》称其："气度风雅，博读经史，教授生徒终日无倦容。文章雅健，尤工词赋，以诗名世……著有《广齐音》《半隐园诗集》。"

这董芸出身书香门第。在《广齐音》的"跋"中，济南红蕉馆主人朱宁（即济南名士朱畹）称董芸为"曲江先生犹子（侄子），以诗学世其家"。这曲江先生可不是一般人物，董曲江即董元度（1709—1762），号寄庐。乾隆十二年（1747）进士，入翰林，为纪晓岚所推重。散馆后改知县，又改东昌府学教授。晚年主持保定莲池书院。董元度博雅好古，文采风流。其诗宗王渔洋，和平蕴藉，机趣洋溢，是名重一时的社会名流。而董元度祖父董讷，则为康熙六年（1667）探花，官至两江总督。

刘大绅称董芸"风度曲江有为后"，而济南诗人王培荀则称其诗"曲江家法未坠也"，盖本于董芸诗作的家学承继关系。而刘大绅认为，董芸诗作的温文尔雅、风流蕴藉之气象，更多地体现在他吟唱济南风物古迹的《广齐音》中。

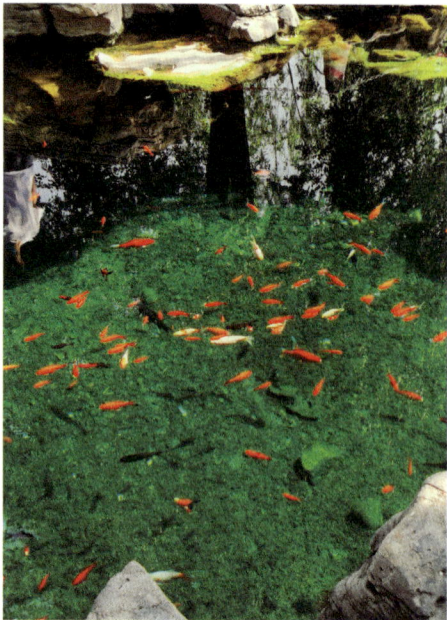
清泉观鱼

原来，在董芸创作《广齐音》之前，济南名士王象春（字季木）所著《齐音》已经传世百余年，且广有影响。而《广齐音》正是仿照《齐音》体例而作。但董芸对《齐音》亦颇有微词，他在自序中说："季木之诗一出，以长声硬字有廉直而无肉好，此自王氏之音，而未可执是以概齐人也。爰仿其体例，间补正其缺谬而不敢袭其词。"

由此，董芸将自己与王象春做了切割，同时将《广齐音》与《齐音》的异同做了详细的解说。两者的同在于：《广齐音》是仿照《齐音》之体例，均为七言绝句，每首诗均有笺注等。而所谓"广"，亦只是在作品内容、数量上有所增广而已。两者的不同有二：其一是"补正其缺谬"，即是将《齐音》未曾写过的济南风物补进来，将其错误的订正过来；而更重要的则在于他"不敢袭其词"，董芸显然对王的"长声硬字""廉直而无肉好"极不欣赏。这是两人诗风与趣味的不同。这种差异反而催生和造就了两种各具特色、春兰秋菊各擅胜场的风土佳作。

董芸写济南似乎比王象春拥有更多的优势和条件。首先，他常年寓居济南，如大明湖畔，如华山下的华阳洞，特别是芙蓉泉边的寓舍，因此，他熟悉济南。再是，他研究济南。董芸不仅是诗人，也是学者。他博读经史，具有丰富的古今地理知识。他广历博涉，考察济南山水胜迹，并写有《历下山水纪略》这样的专著。所以，他订正王象春的地理与历史错误可谓探囊取物，毫不费力。所以，《广齐音》以其众多的史料与民俗资料的含量，堪称一部形象化的济南风物志。而《芙蓉泉寓舍》则是《广齐音》的最后一篇（第一百篇），由此足见诗人对此篇的重视与欣赏程度。

本文开始所引刘大绅诗中，就曾提到董芸与芙蓉泉的密切关系："偶然寄迹芙蓉泉，闭门扪句未肯苟。"其实，董芸在芙蓉泉不是"偶然寄迹"，而是长期"寓居"，而闭门读书著书则为实情。在《芙蓉泉寓舍》中，有董芸自作笺注：

芙蓉泉，《名泉碑》："在姜家亭前。"泉之左即许右史瞻泰楼故址也。甃石为方池，东西稍广，约半亩许。中跨石梁，水逶迤北流。沈华东太守浚其渠，名曰梯云溪。癸丑夏，余寓居泉上最久，著《历下山水纪略》二卷。

癸丑，即乾隆五十八年（1793），此时距离作者中举尚有五年，身为布衣的董芸生活之贫窘境况可想，但诗人贫而不失其志，著书立说，吟啸自如。我们且看他的《芙蓉泉寓舍》诗：

老屋苍苔半亩居，石梁浮动上游鱼。

一池新绿芙蓉水，矮几花阴坐著书。

苍苔，游鱼，清泉，花阴，美景伴以书香，动静有致，情趣十足。然而诗作让人感受到的却不是饱满的激情或舒展的快乐，而是富有节制的浅斟低唱，寄托意味的雅人高致。

《广齐音》中的诗作，大多写得情致悠悠，有中和蕴藉之美。王培荀称董芸作诗"不求奇，不务华，清和宛转，情词娓娓动人"。而刘大绅有诗云："季木不征骚雅音，香草却擅风流薮。"均对其推崇备至。董芸之诗，确是风格独具的。

如今，芙蓉泉院落的主人张洁贞先生将这首《芙蓉泉寓舍》诗题写在墙壁上，供四方游客赏析。而且他自有高见。你听，他说：他最欣赏这首诗的清雅书卷气，还有，是诗作近乎摄影般的精确描写，你看芙蓉泉池正中，正有石梁，将泉池一分为二。石梁浮动上游鱼，数百年了，一丝未变，真是传神之笔啊！

何绍基凿池喜引芙蓉水

济南的标志性建筑大明湖历下亭上，悬挂有镌刻杜甫诗句"海右此亭古，济南名士多"的楹联，每当游人至此，常驻足观赏，感叹不已。该联为颜体风范，且遣隶篆融于行楷；字体瘦硬，风格劲健，筋骨涌现，意态超然。名亭、名句、名书融为一体，堪称三绝。

该联为清代大书法家、诗人何绍基所书。

谈到何绍基与济南的渊源，那可是非同一般。

何绍基（1799—1873），字子贞，号东洲，晚号蝯叟。湖南道州人。其父何凌汉官至户部尚书，是著名的藏书家。何绍基幼承家学，少时即有文名。他时常出入阮元、程恩泽门下。道光十六年（1836）中进士，选庶吉士，授编修；其后，他先后充任福建、贵州、广东乡试主考官和副主考官，"甄拔多瑰才，均称得人"。咸丰二年（1852），他被特旨简放四川学政，在任上"崇学敦教，士皆悦服，按部所至，尤留心民生利病"，割除陋规陈俗，平反冤狱，颇有政绩；但与此同时，却也因其不谙官场规则，人告"直言无隐"，引得"权贵侧目，谤言炽腾"，遭到权贵人士的陷害，"终以条陈时务降归"。

咸丰五年（1855），57岁的何绍基绝意仕进，他角巾筇杖，游览了峨眉诸峰与长安、咸阳、华山等处之后，于次年到达济南，应山东巡抚崇恩之邀主讲泺源书院。他一路风尘仆仆，刚刚到了济南，尚住在行馆，便迫不及待地招呼其同年、济南进士彭以竺（号雪嵋）等去游大明湖，并写下《九日彭雪嵋招同孙纪堂湖亭游憩，即事用渔洋秋柳韵，时在济南行馆》四首情切切、意绵绵的明湖诗。其中有"旧事回头犹婉娈，斯湖与我太缠绵"的诗句，他对大明湖的一腔深情，溢于言表。

何以故？一般人可能不知这何绍基与济南的特殊关系，他这次应邀主讲泝源其实是重返济南。原来，他的父亲何凌汉曾于道光二年至四年（1822—1824）在济南任提督山东学政，而督学署在湖滨学院街上，所以何绍基的青少年时代是在大明湖边度过的。这就难怪他写起大明湖来那么情韵悠悠，文采飞扬。下面是他的《济宁舟中题贾丹生大明湖图卷》：

> 我昔大明湖上住，出门上船无十步。
>
> 高楼下收云水色，小桥迳接渔樵渡。
>
> 春风杨柳绿如海，夏雨蒲莲密成路。
>
> 雪晨月夜更奇绝，清舠短笛无朝暮。
>
> 不惜狂歌坠星斗，时讶闲魂化鸥鹭。
>
> 别来弹指二十年，梦似游鱼无可捕。
>
> 君与此湖有同恋，书画一一幽景具。
>
> 敧亭古寺长板桥，都是当时醉眠处。
>
> 半生足目江湖多，诗草酒痕成册簿。
>
> 算来难似明湖游，少年奇赏由天付。
>
> 人与湖山共早春，那有诗篇著愁句。
>
> 推移岁月人事积，感慨苍茫尘土污。
>
> 却思百岁如风灯，又恐今日翻成故。
>
> 联舟半月有奇缘，时共停桡看烟树。
>
> 太白楼头又月明，莫放清秋等闲度。

此诗作于道光二十二年（1842），距离他第一次离开济南不到二十年的时间。济南，实则已成为他心目中的第二故乡。你看，仅仅是看到一幅大明湖的画，他就这么激动了。要说写大明湖，谁能比得上他的条件呢！他对那里太熟了，他熟悉那里的一湾一树，一亭一桥。果然，诗一下笔，他便利用起这个独特优势：我呀，当年就在大明湖上居住，出门十步便能坐上湖船。这是写实。学署紧贴明湖，与之仅隔一墙，且主楼四照楼面北而建。乾隆五十八年（1793）在此任提督学政的阮元记载这里"楼窗四

大明湖

敞，每当夏日，墙外明湖千亩，荷气欲蒸，与风俱满；冬雪初晴，尤极玉
楼银海之趣"，并有"鸟浴阑花外，鱼跳窗影中"的诗句（见《小沧浪
笔谈》）。所以何绍基谈他站在高楼（应为四照楼）上俯瞰，云水一色，
而学署内有桥，名濯缨，桥下泉流淙淙直入有渔人、农夫劳作的大明湖而
去。接着，聪明诗人抓住大明湖最具特征的风物：绿柳红荷，加以铺陈描
绘，春风中杨柳柔枝摇曳如同涌动的绿色大海，而在夏雨中繁茂疯长的
蒲草与莲荷密密麻麻覆盖湖面，直如陆路一般（"夏雨蒲莲密成路"，
"路"疑为"陆"，一是"海""陆"更为对仗贴切，二则"陆"字诗意
更好。但此说尚无文献依据）。然而更为奇绝的还在于这些年轻后生，在
一个一个的冬日清晨饮酒赏雪，秋天的月夜听笛赏月，在大明湖上醉酒狂
歌、彻夜吟诗甚至在湖上眠宿不归。在这里，诗人写出了他与大明湖之间
的独特关系，这种深厚关系谁也比不了，因而作品便拥有了独特性和个性
化，人与湖的深厚情感实在溢于言表！所以诗人会说，他以后还经历了许
多的江湖名胜，但却没有一处能与大明湖相比，这是因为"少年奇赏由天

付"，也即是说，他与大明湖的关系来自少年时代的生命记忆，这是由不以自己意志为转移的生活环境赋予的。何绍基诗宗黄庭坚，务求在艺术形式上争新出奇，"以俗为雅，以故为新"，本诗堪称一例。

因这何绍基与济南关系实在密切，不能不先做些交代。现在言归芙蓉街。

何绍基于咸丰六年（1856）九月上旬携家眷到济，先是寓居济南城南，有"敝庐新卜城南隈，庭下槎牙森老梅"的诗句可证，第二年十月正式移入与芙蓉街仅一墙之隔的泺源书院，有《留别城南居》《廿五日移入泺源书院作》等诗为证。那时的泺源书院分为东、西两个院落，西院拥挤而东院空旷，于是，主事者在东院专门为何绍基盖了新的房舍。何绍基搬家时，单是图书就装了五车，其诗云"书过五车文史足，酒剩十缸香色融。一百轴画古芬腻，五十盆花秋艳钟"，真的好是令文化人艳羡啊！

何绍基此次来泺源书院达四年之久。他通经史，精律算，博综罩思，识解超迈，"教授生徒，勖以实学"，"士以得游其门相夸耀"。而何绍基在讲学授徒之余，在济南的佳山水中游览品题，徜徉自适，更是乐不思蜀了。而此期间最多的，是沿着芙蓉街去大明湖

民居内泉井

游览或去走访好友牛仲远在大明湖鹊华桥附近的新居"小小斜川"。他常常会在美丽的芙蓉泉边徘徊良久,那清澈明丽的清泉水令他浮想联翩。有一天,他突发奇想,这泉水,距他居住的泺源书院东院仅隔一墙,为什么不能引芙蓉泉水到自己院里呢?这真的不愧为一个生活的"金点子",说干就干,于是,何绍基在泺源书院的新房前凿池,然后隔巷引来芙蓉泉水。终于,何绍基幸福地喝上了清醇、甘甜的芙蓉泉水。喜不自胜的何绍基当即赋诗一首,诗题《新凿小池,引芙蓉池水注之,清甘可饮。时群燕飞集,因题为燕来泉》:

街南挑水苦逶迟,隔巷芙蓉旧有池。

一鉴方塘新水满,鼠姑开后燕来时。

(《何绍基诗文集》诗钞卷二十一,岳麓书社2008年版)

诗人说:过去,他的家人每天都要越过繁忙的院西大街(今泉城路),到街南挑水,十分劳累且浪费时间,而距离这么近的地方就有芙蓉名泉,却未曾想到早日享用。如今,看到自己亲自开凿的方池内那可鉴眉须的清泉水,年过半百、饱经风霜的何绍基肯定激动得不可自持了。此时正值牡丹开后,群燕飞来,连这些可爱的精灵都向他表示祝贺了。于是,何绍基带着满心的欢喜,将这芙蓉泉的女儿名之曰:燕来泉。

(注:笔者近年发现,泺源书院内亦有芙蓉池,因之何绍基引芙蓉水亦未必为芙蓉泉水,并存之。)

王府池边郭进士　百年之后人不知

古人云：山水奇秀，必多遒文丽藻之士。千百年来，济南这块土地上人文蔚起，名贤林立。惜乎有不少被历史烟云所湮没，王府池子畔的进士郭翊即其中之一。

吾兄侯琪先生作《济南新竹枝词》一百首，咏济南古今山水人物无所不至，其中有《济南郭五》一诗堪称妙绝：

　　　　自古胜地出菁英，王府池边有郭生。

　　　　百年之后人不识，一川烟雨摇秋风。

据民国续修《历城县志》及郭翊好友所作碑传与诗文，郭翊字莐卿、侠卿，生于道光二十六年（1846），居济南王府池子沿岸东侧，只有"草屋数椽"，大门狭小得连马都进不去，其家境之贫寒概可想见。一家人在府学宫门前开一烧饼铺，为"卖饼儿"，为"引车卖浆者流"。

然郭翊贫而不失其志，他刻苦读书且天才骏发，"恒走坊肆中，自所经见，皆能识其大略"。他不屑流俗，群处若独，颇有些"科头箕踞长松下，白眼看他世上人"的高傲与洒脱。他曾专为自己刻了一枚印章，以自己在家庭的排行，谓之"山东郭五"，这一下简直炸了锅，世人皆以"狂生"目之。

然而，很快人们便鸦雀无声，同治十二年（1873），郭翊以府学拔贡生的身份中山东乡试第一，成了赫赫大名的"郭解元"（另一名历下"狂士"、郭翊好友柳文洙中了第三），接着又在光绪六年（1880）中了进士，官刑部江苏司主事。

郭翊取得如此骄人的成就，绝非偶然。

郭翊是制艺高手。制艺，是古时应科举考试的专门文字与学问，即八股文。尽管人们对制艺颇多微词，但当年离了它，你永远是个进不了上层社会的

"布衣"。光绪十六年（1890），《郭柳时文合选》一书刊刻问世。济南制艺专家、九峰山家塾之郑鏄溪樵氏，在为此书所作的"叙"中称："自同治己巳至癸酉四五年间，吾乡之攻制艺而藉甚人口者，则必曰：郭柳。郭柳者，吾友郭君苁卿、柳君如荃也"，"顾两君各负异才，驰骋于学"。当时，郭翙与柳文洙（字如荃）的制艺称得上一字千金、"洛阳纸贵"："当是之时，每一艺出，人争传写，若唯恐弗获睹也。"

更令人震撼（原谅我使用此词，实在没有更贴切的词语）的是，郭翙是罕见的诗坛奇才。时人指出：郭翙的诗才，比前辈老乡李攀龙的才华还要高！李攀龙，那是何等人物，明代前七子领袖，这样高的评价，是不是有些吓人或者忽悠？答曰：非也。首先，这样的评价，是出自诗文大家、山东按察使赵国华（字菁衫）之口，清同光之世，山东文坛谁执牛耳？"郝植恭、赵国华、蒋庆第同以能文名山东。"（《碑传集补》）而赵国华在《郭刑部传》中说，"济水之上，巷妪街童，无不知郭解元者"，"有谓其才出李于鳞上，犹小之也，实则罕能方其器。"又不独赵菁衫，一时的名流俊杰、文坛巨擘如蒋庆第、何家琪皆作如此语。郭翙的朋友辈，皆非凡人，他曾与何家琪、赵国华、高宅旸、邹钟、柳文洙等结社于大明湖上，吟啸自适，诗酒风流，极一时风雅之胜。

说的是同治十年（1871）夏六月立秋日，芙蓉街翔风巷吉祥园酒馆迎来一批客人，为首的便是住在附近的郭翙，另有：封丘何家琪、天津王增年、山阴李坤厚，皆为郭翙好友、一时贤俊，宴会是为了送好友邹钟赴兖郡。

吉祥园有板桥流水之胜，且有金鱼花石点缀其间（今人很难想到这条宽度仅有80公分的济南最窄的街上，当年还藏着如此优雅的酒店）。是时山东苦旱，自春至夏，九十日不雨，乡民盼雨，急如星火。殊知落座不久，便有狂风暴起，电光霹雳，大雨倾盆，穿房入室，园内庐舍悉成泽国，诗人一个个成了"水中之凫"。但，诗人毕竟与众不同，他们竟然你一句我一句，做起"联句"诗来，一人首唱，众人皆和，且通宵达旦乐不可支。此次诗会也算创下一个济南记录："是役也，聚八省之词人，成一夕之佳话，雷霆震于上，诗律走于庭……"（参见邹钟《四大观楼诗钞》"立秋日公饯洛生赴兖郡阻雨联句"）

最令人叹惋的，是才华绝代的诗人郭翙只活了四十岁。他在考中进士的第五年，即光绪十一年（1885），便溘然长逝。郭翙早逝的原因，其好友赵菁衫认为是对于官场生涯的不适应乃至厌恶，"既授主事，分刑部，境与愿别，词翰遂希，诣曹司外不数接"，这样的环境与郭翙酷爱自由、我行我素的诗人性格显然极相悖谬。有一次，郭翙送别一位因不得志而去官的同僚，心中的郁闷猛然爆发，却又展现出他的不为常人所知的另一才华——书画："忽为寻丈画，丘壑花树，一脱绳墨之外，张相国见之，诧为：时史第一。"据何家琪《郭莐卿墓志铭》，郭翙临终前，"以一昼夜为人作数万字，喷血数升"。

好在，郭翙有《大风楼诗》，其惊才骏发、矫迈无匹之诗作在其中。郭翙论家乡诗人，抑新城而扬莱阳，故其诗苍郁悲壮。近年，《山东文献集成》第四辑将其影印出版，有心读者自可领略心赏耳。

问及今人：可知王府池边昔日曾有郭翙郭进士乎？大多一脸茫然。笔者思之，缘由有二：其一，郭翙四十无子，兄弟皆不学，无人传诵其名；其二，民国《续修历城县志》本传，将其故宅写作"王庙街"，使得今人未将郭翙与名泉胜处濯缨湖即王府池子联系起来。其实，王庙街即王府池子街，因街上有庙，故称。道光年间济南诗人周乐便有《访金寿泉于濯缨湖上寺中》诗，是为证也。而笔者撰写此文，亦只为唤醒今人对这位堪称济南文化符号的先贤的历史记忆而已。

俞剑华与翰墨缘

在1927年出版的《济南快览》一书中，在包括裱画、笔、墨、联屏的南纸业一栏里，赫然开列着"翰墨缘"的商号。这是济南籍著名美术家、美术理论家俞剑华，于1924年起在芙蓉街创办的翰墨缘美术商店。他还以此为依托组织翰墨缘画社，并于1925年成立翰墨缘美术学院，编辑发行院刊《翰墨缘半月刊》，整理出版其师陈师曾遗著《中国绘画史》，宣传美术教育，组织美术活动，发起书画展览，芙蓉街一时名流荟萃，英才云集。

俞剑华（1895—1979），原名俞琨，曾用名俞德，字剑华。济南市人。生于济南东关奎垣街。1915年省立一中毕业后，考入北京高等师范手工图画专修科，1918年夏毕业回到济南，任山东省立一中图画教员，兼任省立一师国文教员。他在省立一中主持建造新式图画教室，带领学生到泰山、龙洞、佛峪游历写生，以提高学生的绘画技能和美的欣赏水平。1920年8月，他辞去教职，到北京任美术学校手工、水彩画教员。1921年，跟近代著名画家陈师曾进修国画。1922年，他编著的《最新图案法》由北京美专出版。1923年，俞剑华回到济南，在齐鲁大学补习英文。1924年任山东省立一中国文教员、山东美专图画教员并兼省立一师图画专修科教员。1926年，俞剑华赴上海，结识名画家黄宾虹及日本友人内山完造。1930年，他被聘任为上海美术专科学校教授。1937年1月，所著《中国绘画史》由商务印书馆出版。1949年5月上海解放后，俞剑华先后任诚明文学院教务长、上海学院副院长、华东艺术专科学校创作研究室教授、南京艺术专科学校教授、中央美术学院民族美术研究所研究员等职。俞剑华不仅在中国美术史和中国画论遗产的整理研究上成就卓著，而且擅长山水画，兼擅花卉，并工书法。1979年，俞剑华病逝于南京。

20世纪20年代中期的芙蓉街岁月，是三十岁的俞剑华生命中的黄金岁月，那时他风华正茂，血气方刚，才华照人。他不仅在画坛上崭露头角，而且是一位出色的美术活动家和社会活动家，他为繁荣发展济南早期的美术事业做出了卓越的贡献。

笔者曾经有幸见到《翰墨缘半月刊》现仅存的1925年第10期，为其质量颇感震惊。

刊物封面中央是"翰墨缘半月刊"八个美术体大字，下面紧贴着刊头的是"山东济南芙蓉街北首翰墨缘美术院发行"，首页上方刊有该刊销售价目及广告刊登价目，以及该刊的出版年份、期刊号数、版次等等。该刊于

《翰墨缘半月刊》

1925年1月在山东济南芙蓉街创刊，每月二次，分别于一号、十五号出版，编辑为俞剑华。该刊为翰墨缘美术学院的机关刊物，同时以宣传美术教育自任，旨在诠释中西美术的绘画理论、表现手法，普及美术知识，探讨绘画艺术。

本期主要撰稿人除俞剑华外，还有刚刚由日本留学归来的学者焦自严等。本期刊登主要有焦自严的《艺术谈》，俞剑华的《辟〈画理新诠〉》《主观表现之艺术》《写生旅行在教育上的价值》等文章。焦自严认为绘画艺术一定要遵循自然的法则，要画出好作品就要仔细观察自然。他在文中重点介绍了西洋画的写生理论。俞剑华撰写的《辟〈画理新诠〉（续）》，当时由郭元梁编辑成书，交于商务印书馆出版，该刊只是转载了部分，但此文还是非常系统地介绍了风景、鸟兽、人像、静物的绘画要领和手法。而《写生旅行在教育上的价

值》则指出实地观察才能领会课本上的理论，并且与所学者相互印证。这些艺术论文均高屋建瓴、中西结合，联系我国当时绘画界的实际，深中肯綮，对绘画爱好者大有裨益。

除此之外，该刊还有美术活动、美术新闻的报道。如陈师曾先生遗著《中国绘画史》的出版消息，特别是翰墨缘发起的书画展活动消息。我们且看那时登载在《翰墨缘半月刊》上的"翰墨缘画社启事"："本社定于阳历五月二十九、三十、三十一在图书馆开第二次展览会三天，即希画友预备出品，于二十五号以前，汇交翰墨缘美术院，以便陈列，为荷，此致。"启事中照会的画家你道有多少？整整三十四位，且全部为一时名流，如支有年、关松坪、黄固源、王友石、吴天墀、卫雪樵、徐培基、秦宣夫、张眺、张愚谈、王子正等，实可谓名人雅士，济济一堂。我们可以想见，在当年芙蓉街上翰墨缘画社里，每每高朋满座，尽是敲棋品茗、谈艺论道、切磋画艺的风雅旧事，芙蓉街俨然成为彼时济南宣传绘画新知、普及绘画教育的艺术中心，成为名副其实的画家、艺术家的"俱乐部"。

翰墨缘美术商店是画社、美术院兼而有之，俞剑华走的显然是以商养文、以商养艺的路子。所以，这翰墨缘半月刊办得雅俗共赏，幽默风趣，内容丰富，形式不拘。如"待对"（征求对联），联为："无锡宜兴瓦茶壶""钱玄同炫铜钱"等，另外，还有"新格言""宝塔诗""趣语"等栏目，皆短文逸趣，十分好看。其中尤精彩者，为俞剑华模仿唐代韩愈名篇《送董邵南序》所作的《送某先生游翰墨缘序》，因其别开生面，所以我们也不惜篇幅，以飨读者：

翰墨缘久称多精美优良之物，某君欲购物，连不得购于他铺，怀抱银币，郁郁适兹店，吾知其必有合也，某君买乎哉！夫以君之不遇物，苟价廉能用者，皆爱惜焉，矧翰墨缘之物，出乎其类者哉！然吾尝闻价格与时疑易，吾恶知其今不廉于昔所云耶？聊以吾子之行卜之也。某君买乎哉！吾因之有所感矣，为我遍询济南之城，而观于其市，复有购文具不得者乎？为我告曰：好货物在此，可以出而购矣！

摹古人文笔，惟妙惟肖，妙趣横生，而为今之用，实在用心良苦且令人忍俊不禁也。广告乎？美文乎？显然，是广告，也是美文。此文显示，俞剑华不仅画艺出众，也有深湛的文学素养，难怪他既是美术教师又兼国文教师。

由本刊广告看，翰墨缘商店还出售苏杭雅扇、友石画谱、适合初中及高小图画教科之用的铅笔画集等。俞剑华为《俞剑华本年画扇例》所做的广告同样引人注目："夏日苦热而索画扇者纷至沓来，几无以应，不画则不情，尽画则不能，故略变旧例，以示限制，嗜痴者或不吝此戈戈耶……"

你看，这广告做得如此入情入理，委婉尽致，即使画扇涨点钱（"戈戈"）也是无所谓了。

他把日子过成了一首诗，一幅轻松有趣的幽默画。

他一人真够忙活的。那时，他的好友焦自严亲见他的忙碌而深有感触地写道："《翰墨缘半月刊》自发行以来，都是好友剑华一人承办一切，自作自校并且按时出版，从没有一回迟延。这点毅力，不能不令人佩服。若是每天只做这点事情，也还不算什么，可是他每天要教书、读书、画画，张罗翰墨缘的营业，等等，已经足够忙的了，再加上这本半月刊的事情，请读者想想，古人惜'寸阴''分阴'的话，剑华先生恐怕要再进一步，要惜'秒阴'了。"

《翰墨缘半月刊》停刊原因与日期不得而知，但它为中国美术史的研究以及美术教育的普及提供了参考资料，还有，最令人感奋的是俞剑华先生为美术事业忘我的奋斗精神。

岳祥书与祥书画像艺术馆

话说20世纪30年代初年，济南城里繁华的芙蓉街北首路西，新开张了一家专门为人画像的商店，名之曰：祥书画像艺术馆。馆主为岳祥书。

提起岳祥书的大名，当时在济南可谓无人不知无人不晓，盖济南民间早有"关、黑、弭、岳"四大画家之称，关为关友声，黑为黑伯龙，弭为弭菊田，这岳，便是鼎鼎大名的岳祥书了。

岳祥书（1913—1979），字瑞麟，号祥书、木鱼子，曾用名湘絮、乡蔬、鸿祥、翔舒、松风斋主等。河南开封人。十八岁迁居山东，定居济南。1931至1932年在山东临沂县立师范讲习所、临沂县省立第三乡师美术学校任美术教员，1933年在济南芙蓉街开办祥书画像艺术馆。1934年参加全国性美术作品展览，六幅作品入选。1957年，岳祥书在济南开设槐荫画室，开办实用美术学习班，传道授业，桃李满门。岳祥书才华横溢，画界人士称其深受中西两种文化影响，既有国学渊源和书法功底，又勤于钻研西画的基本功和写实技巧，有着鲜明的个人风格。

30年代初，岳祥书自河南老家来到济南，在芙蓉街上开设了祥书画像艺术馆，该馆在1934年所做的一幅广告十分夺人眼目，其内容是"由豫来济，岳祥书氏；专门画像，与众不同；价目最廉，定期不误"，从画像质量、价格到约定日期，可以说全部是消费者最为关注的，此广告真可谓简短明了，要言不烦，深谙消费者之心理。而在广告上方，则是"芙蓉街北首路西"几个大字，点明了画像馆所在位置。

吾友武存中先生曾听其表兄、济南已故著名画家弭菊田先生谈起岳祥书当时很多的逸闻趣事，简直是聪明透顶：如为了防止坏人对画店的敲诈和骚扰，岳祥书先生特意画了一幅蒋介石的画像，贴在大门上，自此，那些军警流氓之类再也不敢来了，有蒋委员长为他"站岗"，充当"门神"，谁还敢来此惹是生非呢？20世纪二三十年代，芙蓉街旺盛的人气和优雅的环境，吸引了众多的艺术家来此经营、来此创业，其中，既有济南

涌泉胡同古宅　李铭摄影

本土的艺坛翘楚，又有来自外省的名人名士。这条街成为名副其实的风雅温馨的艺术家之家。此时，岳祥书在济南所结识的书画界名流有李苦禅、俞剑华、金棻、关友声等，他们一起切磋画艺，使得岳祥书视野更为开阔。1935年，岳祥书作品集《祥书墨妙》由花鸟画大家潘天寿题签出版。

王砥如、弭菊田与明湖西洋画社

　　1992年，一部书的出版，不期在文化艺术界引起轰动，此书由北京知识出版社推出，书的名字为《王砥如临九成宫醴泉铭》。其书法达到的功力与境界，令书法界名流叹为观止，而此前作者竟少有人知，而且，此人当时已87岁高龄。1996年，作者辞世三年之后，成都古籍书店又影印出版其欧体楷书《离骚》，更是震惊世人，好评如潮。

　　此人名王砥如（1905—1993），又名柱，以字行，号老砥。原籍山东临沂，后徙居四川成都。其书法取法欧阳询，化欧体刚劲为柔和，用笔圆润，结字严谨。曾为中国书协会员，四川书协常务理事。但他颇不以书法为能事，故书名不为大众所知。

　　《九成宫醴泉铭》是初唐楷书大家欧阳询的代表作。它有清润秀丽的韵致，法度谨严，气象端庄，是千百年来后人学习欧楷的典型范本，但是临习的人往往只能模仿欧阳询书法的外形与法度，而不能领略它的神韵，难免表现得拘谨、刻板、木讷。

　　而王砥如的书法临帖作品，可称一绝。此作品是王先生于85岁前后所创作，时年，他学欧楷已有五十余年，深得欧体的神韵，并能展现出其与众不同的心性，这是大多数当代书法家难以企及的。专家指出，王先生临九成宫帖成功之处在于，他透过临写能领会原作者的思想、笔意。他不去计较笔法、笔形的周到，而是去繁就简，写得舒展、自然，同时又有端正、挺拔的精神。欧书险劲谨严，令人有不容易其一发之概，而王先生对于临习欧体理解深透，写得从容、自如，似乎能感觉到他不是在临写，而是在创造书帖，超拔脱俗，澹泊自然，其气象、神韵尤为难得。

很少有人知道，王砥如年轻时，便是一名出色的美术活动家，他自20世纪三四十年代，便与书法美术界的人士有着广泛联系，而这些，都是由芙蓉街开始的。

1929—1936年，他在山东教育厅任科员，其间与齐白石弟子李苦禅、李可染等结社济南，在芙蓉街创办明湖西洋画社，自任社长，并开办《明湖画报》。他经常与李苦禅、弭菊田等聚会于画社，研讨艺术，交流技艺，促膝谈心。

1936年，王砥如同内兄何子平回老家临沂，创办了临沂电灯公司，并担任经理。公司安装了两套发电机组，先安装上街灯，又为部分居民安装电灯。是他，为临沂城第一次送来夜晚的"光明"。

1941年至1943年，他回到济南，在布政司街创办明湖书画社，其后还曾担任《山东公报》经理。抗战胜利后，他追随何思源先生到北平，任北平市府总务科长，与北平书画界名人多所交往。新中国成立前夕，他转徙成都定居。

吾友武存中先生是著名书画家弭菊田先生表弟，他曾听菊翁谈起一些芙蓉街往事：

画家弭菊田青年时期，曾经在芙蓉街与李苦禅等在王砥如开办的画廊里合作过。王砥如开画廊，发行《明湖画报》。李苦禅也是这里的常客，店里经常高朋满座。

有一天，菊翁从王砥如的画廊里走出来，逛到曲水亭畔，遇到了一个姓郑的人蹲坐在地上，面前放着一个长盒，内有乐器，上面插着草标。

他把那人的盒子打开一看，原来是一张古琴。

琴长三尺有余，桐木制成，精美绝伦的琴面乌黑发亮，里面隐隐透露出古铜色，细细的牛毛断纹遍布琴身。

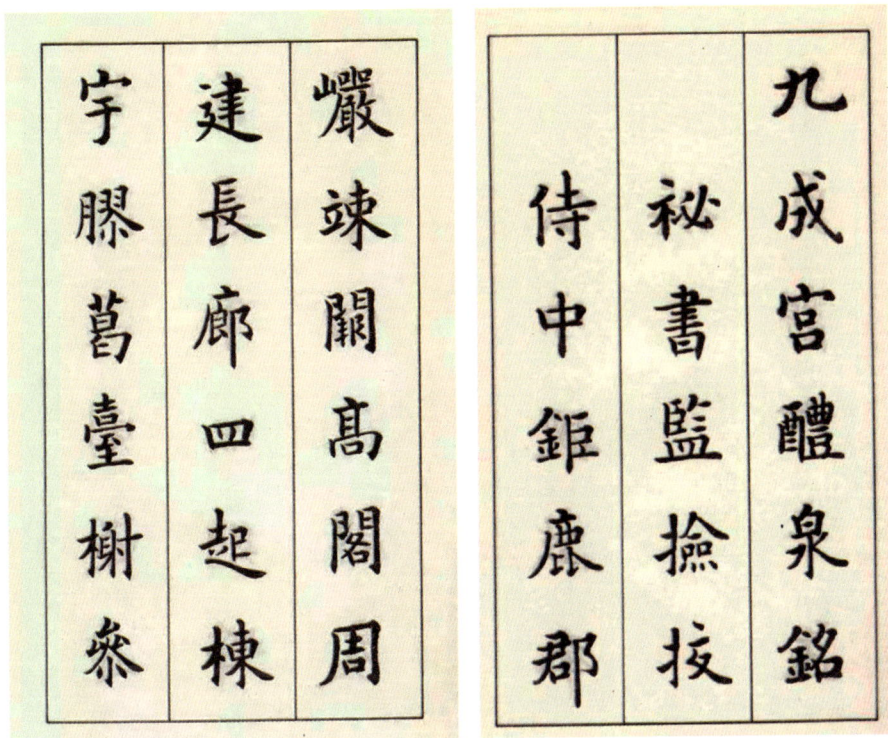

王砥如《九成宫醴泉铭》

　　琴上有弹抚日久而留下的磨损之痕，用手指轻轻一拨琴弦，立刻发出嘹亮而清幽的鸣响。琴的龙池之下，刻有"佑槟"两个篆字。据《明史》载："益王乃宪宗（朱见深）第六子，张德妃生，名佑槟。"

　　弭菊田买下这张帝王古琴，大为激动，著名金石家左次修曾给他刻了一枚闲章，曰："家藏益王琴"。

JINAN 济南故事

第四章

业态商号

闻香一条街

城市，是有自己的气味的。气味是一种生命记忆。

何为济南的"城市气味"？

济南的城市气味，就是济南人关于济南这座城市之气味的独特的生命记忆。

比方说，五月槐花香，这种香味深入济南所有市民的内心深处，它便构成一种济南人关于济南这座城市气味的独特的生命记忆。

而且这种气味在无分远近的漫长岁月里，温暖人们的情怀，承载着生命与情感的寄托。它有两个特征：是集体的，不是个人的；是恒久的，不是一时一地的。

芙蓉街旧影

济南的芙蓉街，不仅带有济南的五月槐花香的城市气味，还有来自大明湖和自身固有的芙蓉之香的气味。另外，芙蓉街还有另外的一种香，曾经令世人赞叹不已。什么气味呢？记得有一部电影作品《闻香识女人》，这气味就大致与此相似吧。

我们来看乾隆年间著名学者、诗人沈可培的诗《芙蓉池》：

芙蓉池畔尽芙蓉，南接通街万绿浓。

顾向芙蓉街上住，香脂浓染斗花容。

（芙蓉街为城中最稠密处，香胭脂出济宁。）

沈可培（1737—1799），字养原，号蒙泉，晚号向斋。浙江嘉兴人。乾隆三十七年（1772）进士，官黄县知县。著有《依竹山房集》《洓源问答》等。

乾隆五十一年（1786），应山东巡抚明兴之邀，沈可培主济南洓源书院讲席。在济六载，他将济南山水名胜觞咏殆遍，大明湖上篙师渔父无不相熟。有《莲子湖舫歌一百首》。《芙蓉池》正出自《莲子湖舫歌一百首》。

这首诗写得极美。芙蓉泉上，芙蓉飘香，红花照眼，街南所连接之院西大街上，绿树荫翳，悦人眼目；然而，这些都比不得芙蓉街上更有吸引力，何也？原来是有香气浓染的济南女郎。显然，那时芙蓉街上多有经营妇女化妆品的商号，其中有最为抢手的著名的济宁香胭脂，最为济南女儿喜爱。所以芙蓉街上，满街都是涂抹香胭脂的漂亮女郎，尽展花容之美姿，令人频频回首，恨不得搬到这条街上来居住呵。诗人此处下一个"顾向"，含不尽情思而不失之轻佻，故时任山东学政的赵鹿泉（赵佑）先生称颂此诗曰："淡而有姿，质而不俚，允称绝调。"

读罢此诗，你是不是感觉有阵阵扑鼻的香气袭来？

这香街的描写可不止这一首古诗！

嘉道年间，济南有孙自香先生，大名孙兆溎，江苏昆山人氏。幼负异才，诗画双绝。其父孙铨曾在嘉庆年间任山东阳信县知县。孙兆溎随父宦山左，久居济南。后曾入邓廷桢幕，随行安徽、广东等地。著有《济南竹枝词》《片玉山房词话》等。《济南竹枝词》全部为吟咏济南山水古迹之作。其中有咏芙蓉街之诗：

> 街市喧阗达四冲，车行如水马如龙。
>
> 芙蓉西去条条巷，香肆风吹凤脑浓。

怎么样，街市喧阗，四通八达，车水马龙，一派繁华热闹景象。但这还不是主要的，在芙蓉街及其西去的支巷里，有专营凤脑等香料及制成品的商店（香肆），那香味经风一吹，醉人心脾。实可谓香街紫陌，芙蓉风生。

济南名产一条街

过去，人们到一个陌生的城市出发或旅行，临别之时总想买点儿当地的名特产带回家，这是既经济又实惠的事情。想想看，既然是特产，那在别处是买不到的，而且这样的东西带回家肯定受欢迎；又因为是在原出产地购买，货真价实，且没有了运费之类，价格肯定是便宜的。

所以，在一切产品之中，特产的销路一定是最好的。谁能占据这个领域、这个市场，是一定会有丰厚的回报的。

如今，已经很少有人知道，民国初年，外埠人到济南来，要购买济南的名特产，芙蓉街是首选之地之一。

据叶春墀民国三年（1914）所著《济南指南》一书第八章《杂录》，其中"济南名产"一栏，共开列名产二十项，其中，芙蓉街所产竟有六项之多。包括：南货行东升阳的点心；大同鞋铺、大成永的鞋；同祥义的鞋帽；松鹤斋的纸张文具；天成铜器店的铜器；最后，还有小彭照相馆的照相，应该是，这家照相馆的技术相当出色，因为那时不说全市，单是芙蓉街上，便有振华公司、耀华、容芳等多家照相馆在。

　　而济南的铜器铺，也有狮子口、义盛合等多家，天成铜器店是在激烈的市场竞争中独占鳌头的。另外，济南当时的鞋帽店不下三十家之多，仅芙蓉街便有万增、隆庆祥、文兴斋、宏升斋、东盛泰、庆和永等九家之多，而前三名同祥义、大成永、大同全在芙蓉街。至于销售文具纸张的南纸铺，当时更是铺天盖地，松鹤斋的质量与信誉，显然是超人一等的。

　　总之，能够经营地方名产绝对不是一件容易的事情，它是在激烈的商业竞争中产生的，是要得到商家和顾客的双重认可的。

　　如今的芙蓉街，依然车水马龙，但除了各式小吃之外，其他经营颇不多见，从长远着眼，从未来着眼，业态的单一与狭窄是一个亟待克服的"瓶颈"。前事不忘后事之师，我们完全可以从芙蓉街的成功历史中得到借鉴，以促进今日产业的发展。

时尚一条街

民国时，芙蓉街上商号众多，因而少不了做广告的事情。近日笔者在1934年版《济南大观》一书的"附录五"中，便发现有几个芙蓉街上商号做的广告，从中透漏了诸多的历史信息，其中很多内容细节，都是我们过去所不掌握的。

首先是旧址位于芙蓉街125号的济南教育图书社做的广告。这个民国初年由山东民主革命先驱、教育界巨擘鞠思敏、王祝晨等发起，教育界近200人集资创建的新型的教育书社，营业项目包括：新课程标准适用各级学校课本、民众读物、儿童读物、乡村教育丛书、史地丛书、文艺丛书、科学丛书、美术书等多种，并有杂志、月刊、地图、字典等，除此之外，还经营理化仪器、博物标本、生理病理模型、运动用品等。

由此可见，济南教育图书社最为闪光之处，乃在其成为全省一传播新知识、宣扬新文化的阵地。

再是20世纪30年代居于济南教育图书社楼上的同生弧光美术摄影公司所做的广告。那时，在别家都是照相馆的时代，这"同生"却办起了以审美相标榜的美术摄影公司，其广告词为："本公司为发扬美术，使拍影士媛得本来美丽真面目起见，集资创办济南市极大摄影公司，洵称摄影界之巨擘。"接下

芙蓉街旧时照相馆

来，是——介绍其美术摄影八大特点：（1）有伟大富丽之摄影场。（2）有美妙艺术化的各种布景。（3）有十万烛充足电光。（4）有由平沪重金聘请之精巧技师日夜照相。（5）有费千金购来之珍贵摄影镜头。（6）有欧美最新式弧光灯。（7）有色样新奇、艺术化珍美各种相纸。（8）价格低廉。如此炫人耳目的广告，如此物美价廉之西洋镜，顾客焉有不蜂拥而至之理！

芙蓉街是一条得风气之先的时尚之街。

早在清末光绪年间，芙蓉街便以经营鞋帽著称，其同祥义、大成号两个鞋帽铺，分居济南鞋帽销售业的冠亚军。到了20世纪30年代，这街上的济南永顺和帽店同样不甘流俗，不断有新的花样出来，它在广告中标榜道："本号自造各种时帽，坚美耐久，价值公道。"这就向顾客明示：他们卖的可不是一般的大路货，而是自己设计制造的、具有独特个性的时帽。时者，时兴、时髦、时尚之谓也！小小一个广告，把商家不甘人后的创新精神完全表露无遗。

近代以来，芙蓉街的服装业达到前所未有的繁荣程度。据光绪八年（1882）《历下志游》所载，当时的衣庄除在西门大街的百顺外，其余全部在芙蓉街，简直"垄断"了济南的服装（销售）业。20世纪30年代，芙蓉街上的"裕泰成""义天成"两家商号，更是以"制服新衣"引领济南服装潮流。

餐饮业同样兴旺得令人眼热。济南是全国四大菜系之一——鲁菜的发源地，济南菜素以选料讲究、技法精湛而闻名宇内，以制作内陆水产品、畜类及下货、家禽、瓜果菜蔬见长，清汤、奶汤尤为突出，在爆、炒、烧、炸、熘、扒、烤等方面造诣较深，在风味特色上则是咸鲜适当、原汁原味、清爽脆嫩、南北皆宜。早在清道光年间，芙蓉街支巷王府池子即有专营济南风味的名店凤集楼开张营业。同治间，在济南最窄的街巷——仅有八十公分宽的芙蓉街支巷翔凤巷里，竟然海藏着一家大名为"吉祥园"的酒馆，这家酒馆经常顾客爆满，座无虚席，因为，此处不唯菜品出色，且"有板桥流水之胜，有金鱼花石点缀其间"（参见邹钟《四大观楼诗钞》《立秋日公饯洛生赴兖郡阻雨联句》），可谓优雅无比。这说明，此时酒店之竞争，已延及酒店之环境，深谙顾客心理的老板们率先变革而占有先机。又据《历下志游》：光绪间，济南府的豪华饭庄——"酒楼可假座宴客"者，在芙蓉街与金菊巷的便有：福庆楼、海山居、北渚楼等多家，其"座客之满，不亚都门，闻有招伎侑酒者，则兼有沪上之风"。值得注意的是，这些酒楼大多具有独特的营销特点，作者特别点出在芙蓉街北、府学之前的最雅园，此处原为一富贵人家别墅，因其坐地最佳，而且有园亭可资散步，食客爆满，必得先期订座。于是，常有风雅之士携三五友人，在此做竟日之聚。30年代，济南最享盛名的两家饭庄，均在芙蓉街上：燕喜堂饭庄在金菊巷，东鲁饭庄在芙蓉街上。燕喜堂掌勺的鲁菜大师梁继祥先生技艺超群，他的名菜"拼八宝""奶汤鱼翅""干烂鱼片""五星苹果鸡""油爆双脆"等，至今济南人仍津津乐道。另外，还有魁元楼等各具特色的名店，均以创新、时尚相标榜。

济南最早的镶牙馆——卫生镶牙馆

芙蓉街中段路东有支巷芙蓉巷，芙蓉巷路北原11号，是一幢造型别致的欧式建筑，十分抢眼，它就是济南最早的镶牙馆——张巽辰镶牙馆。

只是，关于这镶牙馆及其主人张巽辰的资料，十分缺乏，且说法不一，在不能确定孰是孰非的情况之下，只能暂时并存之。

张巽辰镶牙馆，一说创办于1882年（张润武《图说济南老建筑·卫生镶牙馆》，济南出版社2007版，下同），一说创办于民国三年即1914年（孙书九《济南市口腔医疗发展史料》，济南市政协文史委员会编《济南文史资料选辑第一辑》，下同）。

关于张巽辰本人，其生年已不可考，其卒年为1942年，均无争议。但其出身及其从学背景又有极大差异。张（润武）文认为：张巽辰早年曾留学日本，归国后来济南发展牙医事业，并聘请上海牙医魏森豪（音译）为主治牙医士。

而且，张巽辰镶牙馆是济南府内第一个现代化的牙科诊所和镶牙所，设备齐全，有脚踏牙车、口镜、拔牙钳等。

而孙书九先生文章则与此大相径庭。孙文称，张巽辰年轻时勤奋好学，有一定的文化水平。原以占卜为生，后因不能维持生计，遂去上海从师一法国医生学习镶牙技术，回济南后在芙蓉巷内先是租一平房，开设了卫生镶牙馆。

孙书九先生现已过世，生前曾任济南市口腔医院技术顾问，对济南口腔医疗发展有一定研究。以下系据其有关文章整理而成。

济南卫生镶牙馆成立之初，由于技术不足，医疗设备简陋，业务颇为萧条。张巽辰难以维持生计，因而经常携带镶牙医疗器械到农村赶集，为人拔牙、镶牙；有时也会白天在集上取模，晚上回家做牙，以增加收入维持全家生计；甚至远走他乡，例如到泰安、天津等地，以类似跑江湖的方式，为人镶牙，可谓尝尽世间冷暖。这样，经过多年的苦心经营，卫生镶牙馆终于在济南扎下了根，并逐步兴旺起来。

1926年，张巽辰的儿子因病去世。他拿到儿子的人寿保险两千元后，在镶牙馆原址建筑起一座漂亮的二层洋楼，又增添新的高级医疗设备，继续经营，后来业务兴隆，声誉大振，成为济南首屈一指的镶牙馆。从此，山东省和济南有权有势的达官贵人、绅商仕女都闻名而来，镶牙价格也随之提高，张巽辰收入大增，一跃而为富有者。

镶牙馆业务兴旺，张巽辰颇感人手不足，由此，他先后又从原籍招收郭子良、韩幼承、张镇东、张琴堂、段志庭等来济，收为徒弟，传授技术。1927年，他又派其侄张琴堂与得意门生赵鸣岐，在经二纬五路开设卫生镶牙馆分号。数年之后，张巽辰将业务交由徒弟担当，自己却沉溺于酒色之中，业务日渐衰退。1942年张巽辰因病死亡，其妻与徒弟彭文林继承其业，生意每况愈下。

与其同时，张巽辰之侄张琴堂所经营的卫生镶牙馆分号却一片欣欣向荣。分号开业之初，要依靠老号的资助才能勉强维持。然而，张琴堂是一位有远见的创业者，他不甘心自己的镶牙技术落后，于是，他特意派自己业已中学毕业

济南最早的镶牙馆

的独生子张澍钧，前往同仁会济南医院，拜日本人中岛幸南齿科医长（齿科主任）为师，虚心学习牙科理论与技术。张澍钧四年结业回馆工作，深得病员好评。之后，张澍钧正式主持全面的诊务工作。1942年，张巽辰病故，由于家务纠纷，分号与老号登报断绝了关系。此后，卫生镶牙馆分号正式更名为渤海齿科医院，独立经营。张澍钧进行了全面的业务改进，于是，挂号、病历、开单收费、每月发工资、星期日休息等一系列正规制度都建立起来，由此声誉大著，在济南形成了一个新型的正规的齿科医院。

1952年，渤海、东海两个医院与庆云齿科医院联合，成立了济南市牙科联合诊所。1956年，由政府接管，改为全民性质的济南市口腔病防治所。

现存卫生镶牙馆老号建筑坐落在民房之间，进门为一甬道，由甬道可从东侧门进入镶牙馆的后院。镶牙馆为二层，上宅下馆。临芙蓉巷的南立面为全石砌筑，顶端冠以一个巴洛克风格的山花，二层的石墙上开两个半圆券窗洞，两窗间的墙上竖向阴刻"张巽辰牙医士"。一层两开间，西窗东门，门上横向嵌有黑色的匾额，上刻"卫生镶牙馆"。窗下砌有石制花池平台。在一层墙体的东西两端为全石砌筑的扶壁，上面放置石制的花瓶饰件。建筑南北向进深较大，东、西、北三面墙都是石墙基，灰砖墙体。屋顶冠以砖砌栏杆式女儿墙。建筑内部装修较简朴，木楼板、木楼梯，与复杂的立面处理形成鲜明对比。

建筑学家张润武先生认为：卫生镶牙馆建筑物不大，但造型处理十分精细。主要建筑处理手法虽然有折中主义的倾向，但仍以欧洲古典风格为主。它是现今济南老城区保存最为完整的一幢欧洲古典式建筑物，有着较高的历史文化价值。该建筑在泉城路拓宽工程中拆除"重建"，但全非原貌。

鞠思敏、王祝晨与济南教育图书社

在芙蓉街南首路西125号，耸立着一座至今堪称高大气派的老建筑，这便是济南教育图书社旧址。据建筑专家张润武先生介绍，这座高度为四层（包括阁楼层）的大楼，是当时（民国初年）芙蓉街上最高大的建筑。建筑为砖混。一层墙面铺有当时只有极少数建筑能用得上的进口拼花瓷砖，木楼梯，木楼板，坡屋顶，四周设有砖砌女儿墙。主立面（东）的三层上有挑出阳台，带有漩涡状纹样牛腿支撑的阳台上，是铁制卷草纹样的栏杆。再向上，女儿墙的正中突兀出一曲线形的墙体，显现出建筑立面处理上的巴洛克风格倾向。

这座大楼，联系着20世纪初年济南的一段重要历史，牵涉当时山东省城教育界两位名扬天下的伟人：鞠思敏与王祝晨。

让我们费些笔墨，先行介绍一番这两位济南先贤。

鞠思敏（1872—1944），名承颖，字思敏，山东荣成县（今荣成市）成山卫镇人。1906年加入同盟会。1909年毕业于山东师范学堂，其后在山东革命党人创办的山左公学任教。武昌起义爆发后，他参与策动山东巡抚孙宝琦独立，不成，旋即回荣成与革命党人刘鉴清等驱走清县令，成立革命政府。民国成立后，曾任山东高等师范学堂校长、省立第一师范学校校长，兼执教省法政专门学校。1913年与刘冠三等人创办私立正谊中学。这期间，他自费到北京、天津、江苏、浙江考察教育，后又赴日本考察。1917年，从日本回国，拒高官，谢厚禄，继续回到正谊中学任校长。1928年，济南"五三"惨案时，正谊中学地处城中心，受害尤为严重。日寇撤退后，鞠思敏嘱咐事务处，凡是被击毁的屋顶，一律补上红瓦，残垣断壁，原样不动。他沉痛地说："五三"惨案是我

原济南教育图书社　李铭摄影

们的国耻，补上的红瓦，就是我们死难同胞的鲜血；弹痕累累的残垣，就是国耻碑志！

　　1929年秋，山东省教育厅请他筹办山东省立第一乡村师范学校（后改为济南乡师）。作为山东四大教育家之一的鞠思敏，与国内知名教育家陶行知、张伯苓、晏阳初、黄炎培、梁漱溟、舒新城，与文学家胡适、老舍等均有往来，他曾邀请陶行知、梁漱溟、舒新城、老舍等到一乡师做过学术演讲。1931年九一八事变爆发，全国各地大中学校学生组织"请愿团""示威团"，到南京敦促政府出兵东北抗战。一乡师的同学也由潘复生等组织"请愿团"赴南京请愿，鞠思敏亲自到火车站送行。当时，山东省主席韩复榘反对学生请愿，但他甘冒风险，毫无畏惧。1932年春，一乡师的范明枢、陈济源、李义中三位老师和八名学生被捕，他千方百计予以营救，并因此被撤职。七七事变后，日寇占据济南，曾在山东师范教过书的日本人丰田，奉命三次登门请其出山，并以山东省教育厅厅长的高位相许，但鞠以年老有病为由，坚辞不出。

鞠思敏是位正义的爱国教育家，他的教育思想和办学实践，对山东教育的发展产生过巨大的影响。抗战胜利后，山东省政府为了纪念这位教育家，将阎公祠街改名为思敏路。正谊中学还修有纪念亭，陈列他的遗像和手迹。

王祝晨（1882—1967），原名王世栋，字祝晨，以字行。齐河县安头乡王举人庄人。清宣统二年（1910）毕业于山东师范学堂，充济宁师范学堂教习。次年三月，晋京考试，与同学鞠思敏等得授师范科举人，回省后，先后在泰安中学、临清中学任教。武昌起义爆发后，由临清返回齐河，任教于县师范讲习所。中华民国成立后，祝晨赴济南，任省提学司科员、《教育报》经理。1913年秋，与刘冠三、鞠思敏、于明信等，于济南大明湖畔创办济南私立正谊中学并任义务教员。1914年夏，赴聊城任省立三师教员。次年，改任聊城省立二中校长。在主持二中期间，他曾偕正谊中学校长鞠思敏，赴浙江等地考察教育，吸取经验，对校务多有改进。1918年秋，当选第二届省议会议员，乃辞二中校长，赴济南供职。他与鞠思敏等共同提出改进山东教育意见。不久，他因鄙视官场黑暗，返回齐河，捐献个人财产，创办强恕小学。

五四运动爆发后，他应聘赴济南任省立一中教员兼附小主任，投入爱国运动和新文化运动。以鞠思敏为首的教育界爱国人士组织"尚学会"，推广新文化。祝晨被推为会刊《文化新介绍》主编。1922年秋，祝晨出任省立一师校长。他按民主和科学的精神推进校务，如增设体育、艺术、音乐学科，聘请女

鞠思敏

王祝晨

教师授课，在附小招收女生入学，邀请海内外学者来济讲学等。1925年春，张宗昌督鲁，压制教育界进步力量。他在山东难以立足，乃南下广州，投入革命；后由广州至武汉，在国民革命军总政治部农民运动促进会工作。自1928年至1937年，他先后担任过曲阜省立二师、聊城省立三师、济南省立一师、济南高中等校历史教员。他在曲阜二师时，曾支持学生排演《子见南子》剧。在济南一师时，支持九一八事变后学生的南下请愿抗日活动。

抗日战争爆发后，他随流亡学生南撤，先后任教于国立湖北中学、西安高中、四川绵阳国立六中等。抗战胜利后，他于1946年冬返回济南，在济南中学、正谊中学、齐鲁中学任教。济南解放，他出任正谊中学复校委员会主任，使该校很快复课，接着，出任济南中学校长，1949年8月，被推为济南市政协副主席，并先后担任山东省政协委员、第一届山东省人民代表大会代表、第一届全国人民代表大会代表、山东省人民委员会委员、山东省教育厅副厅长、山东省政协副主席等职务。1967年9月11日病逝于济南。

济南的图书发行业，晚清时已经有较大发展，山东官书局、济南书局、武学官书局，是晚清时期的官办发行机构。光绪三十三年（1907），商务印书馆在济南西门大街设立分馆，是为济南第一家民族资本开设的新式书店，所有书籍、仪器均由上海批发，由青岛运至济南，并兼办印刷业务。辛亥革命后，济南新书业应运而生，蓬勃发展，山东省教育界人士深感创建自己的教育社的必要，于是于1913年10月，由山东民主革命先驱、教育界巨擘鞠思敏、王祝晨等发起，教育界近200人集资创建的新型的教育书社——济南教育图书社，在芙蓉街应运而生。图书社先后聘任李云亭、李通甫为经理。图书社为谋学界便利，廉价出售各种教科书，并代理中华书局的书籍和课本。

近日笔者在1934年版《济南大观》一书的"附录五"中，发现有济南教育图书社做的广告，从中透漏了该社诸多的历史信息。济南教育图书社研究资料一向较为匮乏，我们只知道该社最初打算自搞编印的，但因财力不足，遂专营发行，为上海中华书局分局济南教育图书社，代理发行中华书局的书籍和课本。而由这个济南教育社的销售广告我们却可以看到，该社的营业项目极其广泛，绝非只是代理中华书局图书销售而已。由此广告得知，教育图书社的营业项目包括：新课程标准适用各级学校课本、民众读物、儿童读物、乡村教育丛书、史地丛书、文艺丛书、科学丛书、美术书等多种，并有杂志、月刊、地图、字典等，除此之外，还经营理化仪器、博物标本、生理病理模型、运动用品等。据济南世界书局1927年出版的《济南快览》所述："教育图书社者，为全省教育界同人所组织，入中华（指中华书局）股份五千元，取得代办权，然非专办中华书也，凡文明、进步及上海各书局之教育图书、仪器、文具，无不代售之。"（参见《济南快览》"第九编·各种工商事业"，齐鲁书社2011年版）

由此可见，济南教育图书社最为闪光之处，乃在其成为全省一传播新知识、宣扬新文化的阵地。而且，该社"因系教育界所组织，而各校之用品多仰给于该社，故获利至厚"（同上）。当年，济南教育图书社不仅在山东卓有影响，还将业务扩展到河南、河北等地，对三省的教学与文化发展做出了贡献，成为图书发行行业的佼佼者；同时为济南的图书行业培养了大量的人才，促进了济南乃至山东图书出版和发行业的发展。山东自古为文化之邦，济南作为首府，乃是全省政治、经济、文化之中心，而文教事业之发展，有赖于图书之传播。20世纪20至30年代，济南图书市场之繁盛气象正是包括济南教育图书社在内的各个图书行业门店共同努力的结果。

张竹铭与迦南商行

一、名字的由来

迦南商行位于芙蓉街69号，创建于1932年。它的名字是其创始人张竹铭先生取自《圣经》"canaan"的译音，意思是：流奶与蜜之地。迦南商行从20世纪30年代至21世纪50年代是济南为数不多的妇孺皆知的知名商号。不仅因为它创新的字号，还因为它经营内容与济南城乡居民的生活密不可分，更因为它是中国近现代商号兴衰变化的缩影。

二、创始人的一生

张竹铭生于1900年，祖籍山东邹平县（原齐东县）台子镇大张家村。张竹铭自祖辈起，家境殷实，书香传世。张家几代诗书耕读，张竹铭受到了良好的文化教育和熏陶，自幼敏而好学，博闻强识，加之当地知名私塾先生的指点，因此，打下了深厚的文化功底。结束私塾学习后，张竹铭不满足于自给自足的生活状态，年仅16岁的他只身前往哈尔滨大罗新百货学习经商。由于他文化和见识远高于其他学徒，很快被老板提拔重用并学习经营管理。三年学徒生涯结束后，他独挑大梁管理一个百货商店，把生意做得极为红火，得到老板的称赞与欣赏。由于当时军阀割据的现实导致中国民不聊生，国弊民穷，因此，张竹铭决定要寻找一条实业救国的道路。

1922年，22岁的张竹铭毅然谢绝了老板的挽留，踏上了去日本学习的路程。聪明好学的他一边打工一边学习日语，经过一年多的刻苦努力，他的日语水平特别是交流能力迅速提高。学习工作之余张竹铭也在不断调查与思考。20世纪20年代的日本经济虽然处于一战结束后慢性萧条的阶段，但日本的生丝纺织技术却以质量优良享誉世界。张竹铭觉得纺织业将是一条很好的有发展前途的路径。因此，他开始了在日本为期八年的学习纺织技术的历程。除此之外，张竹铭还利用业余时间到日本的农村、工厂，了解学习先进的种植、养殖技术和有关的工业技术。

1930年，张竹铭带着满满的热情与技术回到了哈尔滨。他拿出自己在日本积攒的所有资金，在父亲的帮助下开办了信心纺织针织厂，生产纺织品和针织毛衣。由于信心纺织生产的布料具有颜色鲜艳且不褪色的特点，其产品在东北地区供不应求，织出的毛衣因款式新颖、保暖性好，成为东北地区的时尚服装。

1932年日本帝国主义全面侵占了东北，张竹铭率先组织各商号为抗日募捐，并带头捐出1000块银元，以实际行动支持抗日活动。随着日本帝国主义侵略扩张的加剧，他们对作战物资需求量也在加大，日本军方逼迫东北几家纺织厂给日军提供被服用品。张竹铭以战乱缺乏工人不能开工为由，抵制日军的逼迫。私下里，他逐步撤资并买下济南芙蓉街69号院，筹备迦南商行开业。

1934年，张竹铭低价卖掉机器设备和所有物资回到了老家，和父母商议后，留下老宅让人看管，举家来到济南专心打理迦南商行的生意，把69号院改造成前店后院式商住一体的大院落。

张竹铭仔细考察济南的周边环境，他了解到，古老的济南府南部以山地丘陵为主，遍布果树山林，人们以栽种果木为主，到了春暖花开的时节，还有很多养蜂人在忙碌；城东是肥沃的平原，以耕种庄稼为主；城西和城北则以水塘为主，主要出产莲藕和淡水鱼虾。因此，他结合实际，因地制宜成立了济南首家专营农药、农具、渔具、种苗、养蜂用具和西药的商号。那个年代，农民都是靠天吃饭，没有科学种植的理念。张竹铭就把自己学习的种植技术以及从各地找到的优良种子、苗木主动推销给农民，潜移默化地改变了许多农民的种植和养殖观念，收到了良好的效果。因为经营适销对路，加上张竹铭敦厚、睿智、勤恳和善于调查研究的为人和经营之道，迦南商行在省城赢得了很好的口碑，生意兴隆也是自然。同年，张竹铭经过实地考察，买下了济南东郊八涧堡村东20亩土地，取名"迦南果园"。他带领雇工种果树，种庄稼，迦南果园既是家人口粮的来源地，又成为迦南商行的一处试验场所。

张竹铭虽有深厚的儒家思想，却不墨守成规。他崇尚科学，具有先进的科研和开拓意识。他身体力行在迦南果园进行试验，经过多次研究配制出了以除虫菊为主原料的植物保护农药，对消灭庄稼和果树上的害虫，效果非常显著，深受用户的欢迎。这样的农药在当时可谓是科技含量很高的产品，即使放在科学技术如此发达的今天也不落伍。他把自己引进的优良果树苗和自己反复培育的粮食种子推销给农民，受到了他们的交口称赞。他还把先进的养蜂技术、养殖技术无偿地传授给济南周边的百姓，为农业生产的技术推广做出了贡献。因此，迦南商行在济南及周围一带声名鹊起。

使迦南商行成为济南居民家喻户晓的品牌原因之二是因为该行发明了一种臭虫药——壁虱净（当时大家都称臭虫药）。你切莫小看了这小小的臭虫，当年它搅得济南几乎家家不得安宁。臭虫繁殖力极强，加之济南泉水众多，空气潮湿，百姓又大多住在平房，居住环境不佳，因此，臭虫很难灭绝。那时家家户户都遭受其叮咬，夜不能寐，不胜其扰，百姓深受其害。唯一的灭虫方法就是用滚烫的开水烫煮衣物，但过不了几天臭虫又开始肆虐起来。为此，张竹铭决心要配制出消灭这种害虫的药剂。他在农药除虫菊的基础上，经过无数次试验配制出了臭虫的克星——壁虱净。自从张竹铭配制出壁虱净后，济南的臭虫几近灭绝，解除了百姓世代的苦恼，令人拍手称快，一时成为美谈。张竹铭和迦南商行的名字更是远扬，提起迦南商行都知道在芙蓉街；提起芙蓉街就知道有个迦南商行。从此，迦南商行和芙蓉街的名字就紧紧地联系在了一起。

张竹铭善于调查研究，能从百姓的生活需求出发，从小事、实事入手，把掌握的科学知识用之于民，是他睿智的经营之道。他诚实守信，立足科学，脚踏实地，不辞辛劳，因地制宜地不断研制新产品，这是他商业繁荣的根本，更是他的商业智慧。

1937年济南沦陷，日本人打着"日中亲善"的幌子邀请张竹铭加入日伪商会，张竹铭坚决回绝了。日本人恼羞成怒，处处设阻，从此，迦南商行的生意逐渐陷入艰难度日的境地。

抗战胜利后，正值中年的张竹铭振奋精神，凭着他的聪明才智和多年的经营管理经验，又让商行焕发了生机。他在商行两根粗大的顶梁柱上刻上了"服务农业促精进，改良种植增生产"的对联。这副对联也是张竹铭开商行的宗旨。

1956年，张竹铭响应政府号召积极参与公私合营运动，迦南商行合并至济南医药公司，他被政府分配在泉城路永明药店任职。1957年张竹铭因为迦南商行和在日本留学的经历被错划成右派，被发配到广北农场"劳动改造"。1970年他在抑郁愤懑中去世，终年70岁，直至1979年才获得改正。

张竹铭承载了儒家忠厚诚信的美德，这些优良传统在迦南商行的后人中代代相传。张竹铭的长子张含骧，1946年考取山东大学化学系（当时校址在青岛），1950年以优良的成绩毕业并获得学士学位，成为新中国第一批大学生，被分配到铁道部工作。1951年张含骧被铁道部调回济南任铁路局化验所所长之职至退休。他在长期的工作中勇挑重担，以身作则，在工作能力和思想品德等方面成为化验所乃至济南铁路系统的楷模。他曾获得多项部级科研成果奖，多次获得铁道部及铁路局颁发的证书。20世纪70年代徐州铁路水处理枢纽工程就是张含骧设计并参与建设的。其多项科研成果被运用到铁路建设工作中，尤其是"蒸汽机车水处理技术"的广泛运用，减轻了水垢对机车锅炉的损害，延长了蒸汽机车锅炉的使用寿命，提高了机车的运行效率，对铁路化验工作起到了坚实的奠基作用。退休后的张含骧不享清闲，为泉城建设发挥余热。名泉遭遇破坏的现象让他忧心多年，自家院里的芙蓉泉早已被建筑垃圾和淤泥填平，失去了当年"石梁浮动上游鱼，一池新绿芙蓉水"的美好景象。因此，张含骧倡议并带领全家人和69号院的邻居一起清理芙蓉泉池。他们挥舞铁锹，掘开一层层沉积的淤泥，挖出一堆堆建筑垃圾。此举得到了街道办事处的大力支持，他们也投入到清理工作中，共清除近六十立方米的淤泥和建筑垃圾。在大家的共同努力下，1997年7月，埋没地下多年的芙蓉泉恢复了它往昔的面容：汩汩清泉欢快地涌动，串串珍珠般的水泡在水中摇曳上升。1997年8月，张含骧又根据当时的实际情况，写出了济南第一则《爱泉公约》，其中包括不向泉池内倾倒污水、乱扔杂物，不在泉池内洗、泡、涮各种物品，不在泉池内洗澡、捕鱼捉虾等内容。在街道办事处的协助下，他将《爱泉条约》刻石嵌于泉畔石壁上。1998年7月，张含骧被市政府授予"济南民间爱泉第一人"的称号。同年，他利用自己的特长，在家建立化验室，对济南72名泉的水质进行了科学的分析，写出了《济南名泉的水质分析与保护措施》的报告，得到了政府的高度肯定与重视，被授予"十大爱泉模范"的称号。

张竹铭的次子张含信，从济南铁路管理局车辆钳工学校毕业后被分配到安徽蚌埠车辆段工作（当时归济南铁路管理局，后划归上海局）。他在几十年工作中兢兢业业，历任技术员、工程师、蚌埠车辆段段长，多次获得上海铁路局十佳站（段）长，铁道部表彰的"第一管理者"等称号，后转任蚌埠铁路职工学校校长至退休。

三子张含保高中毕业后到中国铁路第三工程局工作。由于其酷爱文学创作，经常在国内多种文学刊物发表文章，并出版多部诗歌集。改革开放后随中铁三局加入驻伊拉克援建工程团队，根据期间生活及见闻，回国后创作出版了《GGC的诱惑》和《不平静的苏格拉底河》两部以援建华工为题材的长篇小说。

张家值得一提的还有张竹铭的继承者，其嫡孙张洁贞。改革开放后，张洁贞利用迦南商行的老院子创办了"栗子张"炒工坊。经过张洁贞多年的努力，栗子张的糖炒栗子、雪红果堪称一绝，成为芙蓉街代表性的小吃。通过长期的经营和多地的实地考察，张洁贞发现，泰山山脉麦黄山附近两条峪沟的泰山油栗最佳。经过农业专家鉴定分析，这里出产的油栗含糖量和各种微量元素完全可以和北京的迁西油栗媲美。因为这里昼夜温差较大，日照又好，出产的栗子皮薄易剥离，炒熟后的泰山油栗软、糯、甜、香，可谓人间美味。做饮食生意首先要保证食材一流，张洁贞每年到了栗子成熟的季节都亲赴南山百姓家中收购，在源头上保证了栗子的质量，再经过工人的反复挑选入冷库收藏。在加工方法上，张洁贞多年来坚守"不煮、不泡、不上蜡"的原则，让人民群众吃上安全放心的好栗子，这也是栗子张的栗子供不应求的原因所在。由于栗子张在百姓中的好口碑，获得了山东电视台颁发的"生活帮红榜第一名""生活帮维权先锋"和"济南名优小吃"等称号。

JINAN 济南故事

第五章

文脉承传

自古文化一条街

历史上，芙蓉街是一条充满文化内涵和文化气息的街道，是济南最为当之无愧的文化街。

名士荟萃，诗酒风流

芙蓉街是一条名流荟萃的风雅之街。自古至今，在此生活过的名人雅士不可胜数，且留下众多的风流华章。

据不完全统计，此街生成前，在此街区域特别在芙蓉泉一带生活过或留下描绘此一带诗文作品的诗人、名宦和名流便有：明代的晏璧、张经、许邦才、李攀龙、韩应元、沈燨、王象春，清初的孙光祀、施闰章、赵作舟、杜首昌、王士禛、田雯、顾永年、王戬、姚峻、朱缃、傅仲辰等。

而康熙后期此街建立后，来此街定居及留下灿烂华章的诗人、作家有：张文瑞、吴镇、王初桐、王汝璧、刘大绅、董芸、范垌、孔昭虔、刘考、赵起挺、李俪、孙兆溎、张善恒、廖炳奎、王煟、符兆纶、何绍基、陈永修、高明、王大堉、王鸿、郑鸿、王以敏等，而近现代则有鞠思敏、王祝晨、俞剑华、王砥如、岳祥书等教育大家与艺坛名流。

在这里，几乎每一处泉池、每一座住宅、每一处商号……都流传着名人名士的旧踪逸闻和风雅旧事。

学宫所在，文气郁然

历史上，芙蓉街又是省垣文化机构所在地，街南是著名的泺源书院；街中，有龙神庙、关帝庙等历尽风雨沧桑的传统文化古建筑；街北首，则是济南的千年学宫，所谓"礼乐三千，于斯茂焉"。济南府学初建于北宋熙宁年间。济南府学"规制如鲁泮宫"，享有"齐鲁文衡""海岱文枢"之美誉，为济南

芙蓉街一角

府乃至山东省"育人才、美风俗"的圣地。而与芙蓉街北首相距不远的还有贡院，那是每三年就要举办一次全省乡试的场所，一旦得中，便能摆脱"布衣"身份，进入社会的另一阶层。如此一来，芙蓉街便成为文人学子出入的街区，那郁然的文气自不必说。

文化经营，方兴未艾

历史上，芙蓉街的文化经营与文化商品，始终是该街商业经营的重头戏。

承继着芙蓉街一以贯之的文化传统，民国初年，众多的文化类商家在此安家落户。比如图书发行，山东自古为文化之邦，济南作为首府，乃是全省政治、经济、文化之中心，而文教事业之发展，有赖于图书书籍之传播。晚清以来，芙蓉街便是济南乃至山东的图书发行与印刷的中心。书坊如维新书局（中间路东）、武学官书局（南首路西）。1913年，这里诞生了济南、亦是山东最大最有名气的图书发行机构——济南教育图书社。济南教育图书社不仅在山东卓有影响，还将业务扩展到河南、河北等地，对三省的教学与文化发展做出了贡献。从五四运动到抗日战争前，济南教育图书社年销书额都超过20万元，成为图书发行行业的佼佼者。至于图书印刷局，则有华明石印馆、中德石印馆（芙蓉巷）、启明印刷所、同志印刷所等，直如雨后春笋。经营文化商品的南纸铺，如荆茂堂、文郁斋、文艺斋、鹤林堂、松鹤斋；古玩铺，如古欢斋、蕴宝斋；笔铺如岫云阁……更是不一而足。

艺术家的"会客厅"与"俱乐部"

芙蓉街以其旺盛的人气和优雅的环境，吸引了众多的艺术家来此经营、创业，其中，既有济南本土的艺坛翘楚，又有来自外省的名人名士。这条街成为名副其实的风雅温馨的艺术家之家。比如济南籍著名美术家、美术理论家俞剑华，1922年在芙蓉街创办翰墨缘美术商店，并组织翰墨缘画社，编辑发行《翰墨缘半月刊》，吸引众多画家来此。20世纪30年代初，著名书画家岳祥书自河南老家来到济南，在芙蓉街上开设了祥书画像馆。据济南已故著名画家弭菊田先生回忆：1929—1936年，在山东教育厅任职的书法家王砥如，与齐白石弟子李苦禅、李可染等结社济南，在芙蓉街创办明湖西洋画社，自任社长，并开办《明湖画报》。他经常与李苦禅、弭菊田等聚会于画社，研讨艺术，交流技艺，促膝谈心。这堪称济南历史上的一桩艺术盛事。

济南府学的始建人及始建时间

——李常其人在济事迹考略

今芙蓉街北首，为济南府学文庙。山东自古为礼仪之邦，文教兴盛，学馆如云，名社相望。济南府学早被声名，享有"齐鲁文衡""海岱文枢"之美

济南府学文庙牌坊

誉，为济南府乃至山东省"育人才、美风俗"的圣地。

　　济南府学，亦称济南学宫、济南府学文庙、济南府儒学等。乾隆《历城县志》称其"规制如鲁泮宫"，即其形制、规模与曲阜孔庙大致相当。济南府学建于宋代熙宁年间，其创建人为时任济南郡守（齐州知州）的李常。

　　李常（1027—1090），又名李恭，字公择。江西建昌人。皇祐元年进士。历蕲州、江州推官，熙宁初，调秘阁校理兼史馆检讨。通判滑州，历知鄂州、湖州、齐州。元丰六年（1083），招为太常少卿，迁礼部侍郎。哲宗立，改吏部侍郎，进户部尚书。拜御史中丞转侍读。后出知邓州，徙成都府。元祐五年（1090）暴卒，年六十四。

　　济南府学究竟建于何年，府县志均无确切记载，如道光《济南府志·学校》称，"宋熙宁间郡守李恭（《职官志》作"李常"）建"，其他亦然。问题是，熙宁间共十年，究竟是哪一年呢？

　　据考：李常是熙宁九年（1076）二月，由湖州来齐州上任的。他于三月到任。而元丰元年（1078）寒食节，他已在赴任淮西提点刑狱的路上（元丰元年二月十九日寒食节，李常赴任路过徐州访问时任徐州知州的苏轼，苏轼有《寒食日答李公择三绝次韵》，见《苏轼诗集卷十六》）。因之，李常共在齐二年。

我们由此可以肯定，济南府学建造日期在熙宁九年至熙宁十年（1077）两年间，以在熙宁十年可能性为大。

除了建造府学，李常在济南还做了几件大事。

根除盗寇

李常在任齐州，其时盗贼之凶悍前所未有。李常巧施妙计根除之。据《宋史·李常传》及清道光《济南府志·宦迹·李常传》记载："齐多盗，论报无虚日。常每得黠盗，辄刺为兵，使在麾下，因尽知其囊括处，悉发屋破柱，拔其根株。半岁间，诛七百人，奸无所匿，岁余，齐盗尽绝。"

真是一位捕盗能手！而且这方法真叫一个绝了，非是胸有韬略、胆大心细之大丈夫不能为。你看，他捉住狡猾的盗贼，竟是一反常态地将他收编成自家兵士，而且就安排在自己身边（监控起来），因而得知其他盗贼及整个团伙的活动情况，特别是其藏身之处，然后举兵一网打尽。

以文会友，为济南留下珍贵记录

李常在文坛颇有声名，与著名学者、诗人孙觉齐名。他有诸多描绘济南的诗作。此外，他是黄庭坚舅父，黄庭坚那首最著名的写济南的诗就是因李常而作，诗题《同世弼韵作寄伯氏在济南兼呈六舅祠部》：

> 山光扫黛水接蓝，闻说樽前惬笑谈。
>
> 伯氏清修如舅氏，济南潇洒似江南。
>
> 屡陪风月乾吟笔，不解笙簧醉舞衫。
>
> 只恐使君乘传去，拾遗今日是前衔。

诗中伯氏，即黄庭坚兄黄元明（字大临），他修炼养生之术，此时在济南依舅氏。而舅氏则李常是也。诗中"济南潇洒似江南"句，是最早以济南比拟江南的著名诗句之一，成为济南千年以来的城市符号。

另外，李常又与苏轼兄弟为至交，诗文往还甚多。熙宁十年（1077）正月，苏轼由密州赴任徐州，路过济南，作为好友兼东道主的李常以诗来迎，随后陪同苏轼赴趵突泉等名胜畅游。苏轼写"枯木一枝"于槛泉亭之壁，为泉城济南留下千古佳话。

宋代，在济南做官的官员可谓多矣，然只有十人进入济南人的名宦祠，世代祭祀。李常为其中之一，不为无因。

济南府学规制与大事略记

济南府学"规制如鲁泮宫"，其构造与规制，兹据乾隆《历城县志·建置考三·学校》《古今图书集成》第一百九十五卷"济南府学校考"梳理如下：

府学，中为先圣殿，崇高巍焕，碧瓦朱甍，山川环拱，气象郁葱；东西列两庑，穆深广阔，长松茂柏，交荫其上。历山在前，明湖居后，华峰峙左，棘闱列右。灵秀天钟，人文奥区。前有戟门，门外有泮池，左右为名宦祠、乡贤祠，又外为棂星门。庙后立明伦堂，东西列四斋，曰：至道，曰：据德，曰：依仁，曰：游艺。堂后为尊经阁，其东有射圃。斋后有教官宅。儒学门辟于庙左，北达于堂。其东，别建启圣祠。又有会馔堂、号舍、庖厨之属，皆在堂后。

济南府学又称府学文庙，何以故？原来，这不唯济南府学而言，天下之学宫皆是也。自古以来，儒家尊崇孔子，故儒学与孔庙相结合，称为庙学。庙学时代的校园是由教学与祭祀两个空间构成的。宋元以降，特别是明清以来，庙学的祭祀空间得到不断拓展，先后出现了乡贤祠、名宦祠、启圣祠、忠义孝悌祠等，与作为教学、藏书之用的明伦堂、尊经阁等融为一体。乡贤祠与名宦祠

文庙尊经阁 孙广摄影

是由国家、地方与民间共同构建，祭祀先贤、名宦具有崇德报功、教化民众的社会意义。

今将济南府学大事略记如下：

▲北宋熙宁十年（1077），济南府学始建。创建人为济南郡守李常。

▲"金贞祐板荡，济南府城空二十余年。"（道光《济南府志·学校志》）金宣宗贞祐元年（1213），蒙古军掠取河北、山东等数十州，济南遭受残酷践踏，生灵涂炭，建筑倾毁，据元好问《济南行记》载："大概承平时，济南楼观，天下莫与为比，丧乱二十年，唯有荆榛瓦砾而已。"由此可以想见当时济南府学所受损伤程度。

▲元至元间（1271—1294），重建济南府学。

▲元至元二十九年至三十一年（1292—1294），同知济南路总管府事赵孟頫为济南府学置城东八顷学田。自此，济南府学"饩廪充羡，生徒来集"。

▲元天历年间（1328—1329），教授孔之岩再置学田。

▲元（后）至元六年（1340）秋八月，济南路总管府副达鲁花赤喜寿，承务郎、济南路总管府经历穆不花等，增修济南府学之新垣，使得府学墙垣"崇整完固"为"他庙学所未有"。翰林院学士张起岩为记（《济南路庙学新垣记略》，见《府志》）。

▲元至正十年（1350），元翰林国史院典籍毛元庆撰《山东乡试题名碑记》。此碑于2005—2010年文庙大修时发现于地下，现重新立于尊经阁东侧。

▲元末济南学宫倾圮。明洪武二年（1369），济南知府崔亮再建。

▲明天顺五年（1461），济南知府陈铨修。

▲明成化十三年（1477），巡按御史梁泽复广殿制，拓两庑、戟门、棂星门、明伦堂、师生廨舍。山东巡抚夏寅有记。

▲明成化十九年（1483），巡按御史宋经、济南太守蔡晟作新学校，增两庑像龛、乐器，右建乡贤祠，以配左之文昌，并建坊树屏，设二大屏于戟门外，又于街之东西立二牌坊，一曰：钟英，一曰：毓秀。

▲明正德七年（1512），济南太守章寓之修讲堂。

▲明嘉靖元年（1522），山东巡抚陈凤梧撰《圣贤道统赞碑》。此碑为文庙大修时发现。今立于东庑前。

▲明嘉靖元年（1522），山东巡抚陈凤梧撰《济南名宦祠碑》。现立于更衣所前东2。

▲嘉靖十年（1531），建敬一亭。

▲明嘉靖十五年（1536）春，济南太守司马泰，经请示山东巡抚蔡经、巡按张鹏、布政使杨维聪等高官获得首肯后，委派历城县丞马璠、府学训导朱继实施，重修府学文庙，并接受济南土著父老建议：引芙蓉泉水环注泮池，三月告成。山东巡抚蔡经作《济南学宫引芙蓉泉环注泮沼》诗，称"芙蓉泉水绕宫墙，天开泮沼一鉴光"。都察院左副都御史、陕西巡抚黄臣作《重修济南府儒学记》（见道光《济南府志》）。此碑于文庙大修时出土，今立于更衣所前西1。

▲明嘉靖十七年（1538），山东巡抚胡缵宗撰《赞曰碑》，此碑原立于府学前门外东侧，现位于大成门前东侧。

▲明嘉靖二十三年（1544），山东巡抚曾铣题《太和元气》石刻。原位于泮池前南壁，现位于外泮池西南壁。

▲明嘉靖三十九年（1560），山东提学道吴维岳立《宣圣遗像画像碑》。此碑原位于大成殿中，后由济南市博物馆收藏。现府学内碑为复制品。

▲明万历二十八年（1600），济南太守沈烝重修水道，引芙蓉泉水入泮池，名其水道曰梯云溪。建棂星门外方、圆二亭。

▲明天启五年（1625），济南知府樊时英立《修礼乐以光祀祭碑》。现在尊经阁东侧。

▲明天启七年（1627），济南知府樊时英为二亭命名曰"中规"亭、"中矩"亭，又引大明湖水入府学东南方，凿一池，蓄养金鲤，栽种桃柳，并建亭其上，曰"飞跃"亭。又引水西入内泮池，由西庑后绕尊经阁而东，名曰：玉带河。礼部左侍郎公鼐作《重修济南府儒学记》（见道光《济南府志》）。此碑碑首尚存。

▲崇祯六年（1633），济南府学倾圮，济南知府顾燕语重修。

▲崇祯十一年（1638），遭遇兵变，济南府学颇有圮毁，济南知府苟好善重修大成殿、明伦堂。

▲清顺治十三年（1656），山东巡抚夏玉于梯云溪上筑青云桥，建腾蛟起凤坊。

▲康熙二十四年（1685），山东布政使黄元骧重修。

▲康熙二十六年（1687），失传已久的孔庙乐律在济南府学排演成功。其修律专家为孔子六十三代孙、济南府学教授孔贞瑄。

▲康熙五十八年（1719）三月，济南太守张振伟重修。太仆寺卿戴璠作《重修济南府学文庙记》（见道光《济南府志》）。

▲康熙六十年（1721），户部左侍郎李永绍作《济南府学名宦题名碑记》。

▲雍正七年（1729），济南府学教授李大受立《龙门书法碑》。此碑现位于大成门内西侧。

▲乾隆十五年（1750），山东学使李因培撰《学使院题名记碑》。碑现在西庑北。

▲乾隆五十七年（1792），济南知府宋思仁重修并作《重修济南府学记》（见道光《济南府志》）。碑在今更衣所前中。

▲乾隆五十七年（1792），济南府立《文庙地基》石刻。此刻出土于芙蓉街关帝庙旁路口。现存放尊经阁一楼。

▲嘉庆六年（1801），济南府学迎来了一位新的学官——品学优长的新科进士李允升。

▲道光元年（1821），山东巡抚钱臻、学使李振祜率十府二直隶州新修，一切规制具备，又于庙南圣域贤坊内置门槛施行马，缭以石墙，中砌甬道，北属之桥，以达"德配天地""道冠古今"二坊，至下马牌。

▲道光元年（1821），济南府学立《尊经阁东疏浚水池及四至界碑》。碑现在据德斋外墙。

▲道光八年（1828），山东提督学院龚守正立《使院题名第五碑》。碑现在西庑北。

▲同治八年（1869）三月至八月，山东巡抚丁宝桢重修济南府学文庙。仲冬，济南泰武临道萧培元立《重修济南府学文庙碑记》。现该碑立于牺牲所前中。

▲光绪二十二年（1896），山东巡抚李秉衡重修济南府学。孙葆田撰《济南府学修先圣庙学记》。现该碑立于牺牲所前西。

▲2005—2010年，文庙大修。

▲2010年9月28日，文庙对外开放。

赵孟頫"金点子"大兴济南府学

说到济南府学的建设，在元代，离不开一个人：赵孟頫。

赵孟頫（1254—1322），字子昂，号松雪道人，元代书画大家，浙江湖州人。赵孟頫是宋太祖赵匡胤十一世孙，生平跨宋、元两个朝代。他"幼聪敏，读书过目辄成诵，为文操笔立就"（见《宋史·赵孟頫传》，下同）。青年时期仕于南京，为真州司户参军。"宋亡，家居，益自力于学。"后元廷委派程钜夫"搜访遗逸于江南，得孟頫"，当时的赵孟頫"才气英迈，神采焕发，如神仙中人"。元世祖初授其兵部郎中，后迁集贤直学士。因其能力出众，精通治道，元世祖又打算让他参与中书政事，"孟頫固辞，有旨令出入宫门无禁"。此后，"孟頫自念久在上侧，必为人所忌，力请补外"，元至元二十九年（1292），赵孟頫被任命为同知济南路总管府事。当时总管缺任，赵孟頫得以"独署府事"。

赵孟頫在济南任职共有三年多的时间，但却充分展现了他的从政才能和治理水平。在这一期间，官事清简，社会安静，得益于赵孟頫有着高超的案件审理能力。"有元掀儿者，役于盐场，不胜艰苦，因逃去。其父求得他人尸，遂诬告同役者杀掀儿，既诬服。孟頫疑其冤，留弗决。逾月，掀儿自归，郡中称为神明。"

赵孟頫同时是一位文化素养极高的艺术大家，他不仅创作了那首流传千古的《趵突泉》诗和《鹊华秋色》图，他为发展济南的地方文化所做出的杰出贡献更是卓然可传。赵孟頫兴办济南府学的事迹，一向在济南传为美谈。

元初，兵燹过后，百榰待苏，限于资金，济南府学更是一派不景气的景象。而作为文化修养深厚的赵孟頫，则十分清醒地认识到：欲施行大政，必先办好学校："公之为政每以兴学校为先务。"那么，在此艰难形势下，怎么办呢？这时，赵孟頫想到一个刚刚接手不久的案子，于是，这位充满智慧、灵活

济南府学文庙

多思的济南总管豁然开朗，《赵文敏公行状》有这样一段记载："城东有田八顷，皆膏腴地。两家争之，数十年未决。责其券，则曰：亡之于兵间。公曰：大兵后，执券以相治，犹恐不得直，况无券乎？遂以为赡学田。由是，饩廪充羡，生徒来集。"原来是，济南城东有整整八顷的上等土地，有两户人家一直在打官司争所有权，一直打了数十年，但他们又都拿不出土地凭证（地券），反而不约而同地说是兵荒马乱中丢失了，这很显然是在说谎，其目的在于吞并这八顷良田。赵孟頫戳穿了他们的伎俩，并且正告他们说：大兵过后，（情况复杂），握有地券者前来，也未必能检验成功。何况你们连地券也没有呢？入情入理。于是，赵孟頫将这无主之田划为济南府学的学田，有了它，大大改善了府学的条件，学官与生徒的费用都不用愁了。精明干练的赵孟頫的"金点子"，使得济南府学出现了前所未有的"饩廪充羡，生徒来集"的新气象。

另外，赵孟頫很是关心那些贫寒的都市读书人。据记载，他经常夜出巡视，闻有读书声，便记下他的住所，次日派人送来好酒以示慰问。他奖掖文士，提携学子，每遇到"能为辞章者"，即大加赞誉。

赵孟頫是一位全才，《元史·赵孟頫传》说："前史官杨载称孟頫之才颇为书画所掩，知其书画者，不知其文章；知其文章者，不知其经济之学。人以为知言云。"

三水潆洄，美不胜收：府学文庙玉带河小考

济南的玉带河有几条？

据《历城县乡土调查录》："玉带河有二，均在城内，一在督办公署内，一在府文庙内。"（1928年《历城县乡土调查录》第四节"河流"）

事实上，还不止此。

我们先从府学文庙的玉带河谈起。

有"规制弘丽""儒林巨观"之称的济南府学文庙，其玉带河源自何方？其河道流向又如何？明《历乘》《历城县志》均有记载，据叶承宗《历城县志》："水出濯缨湖，分派入府庠，经启圣祠，折而西，又折而北，于崇制阁前，转而东，复入明湖。郡守樊公时英于巽方建一亭，亭前汇一池，水来潺湲有声，今水改北流，此河遂涸。"

水源、水道大致状况记载清楚，不足在于谈到玉带河水道只说由启圣祠向西折而北，未详西至何处折而北，《古今图书集成·济南府学校考》较为详尽："玉带河之水经启圣祠前而西，会于圜桥以合襟于前，复绕西庑后北流至尊经阁下，而东抵于湖。"

另外，《济南府学校考》还记有这几处建筑的方位："启圣祠，在庙东，前为玉带河，左为文昌阁"，"明伦堂，在庙后"，"尊经阁，在明伦堂后"。

尊经阁，即前叶志中之崇制阁。《历乘》卷三称玉带河"于崇制阁前，转

芙蓉街北头挖出的古之水渠　李瑞勇摄影

而东"，而在《历乘》卷八"学校"称玉带河"由西庑后绕尊经阁而东"，由此可知，崇制、尊经，实为一阁。兵部尚书王象乾《郡守樊公德政碑记》称樊时英在大修郡学时，"其于尊经阁尤创制改观焉"，疑即将崇制阁大修一新并改称其为尊经阁。

　　樊时英（生卒年不详），字瑞明，号大瀛，浙江钱塘人。明万历己未（1619）进士，天启四年（1624）任济南知府，政绩卓著，后升福建提学。道光《济南府志》称其"御物谦和，提躬纯白"，"归里日，囊无长物"，是位难得的廉官、好官。樊时英在济时尤重文教，他曾"尽出俸钱，大修郡学，浚玉带河，建吕仙阁、来鹤桥，兴明湖社"。

　　府志称樊时英"浚玉带河"，想必玉带河先已有之，是樊时英在原来基础上整治引水后而旧貌变新颜，艳丽无比。

　　综上所述，我们可以大略复制出当年玉带河的水道：（濯缨湖水进入文庙）从大成殿东的启圣祠前面向西流——河水进入圜桥继续西流——到达西庑向北——绕道西庑之后继续向北——过明伦堂，至尊经阁——由尊经阁前（南面）向东，流入大明湖。

由此可知，玉带河在府学内的路线，先是由东至西，继之由南至北，再之由西至东，正是一个三面环水的美丽的"玉带"形象。

玉带河还应该包括樊时英在学宫的巽方（东南）所凿的池所建的亭，因为，无论是《历乘》还是叶志，均将其列在玉带河的条目之中。据《历乘》卷八"学校"："天启七年，知府樊时英修引明湖水入巽方，为一池，蓄以金鳞，种以桃柳，建一亭于上，名曰飞跃亭，大为美观。"

又是大明湖的水，还有濯缨湖的水，还有梯云溪来自芙蓉泉的水——顺着梯云溪往北流，流至府学前，然后顺着府学学宫的宫墙往东流，进入了泮池（"芙蓉泉之水由梯云溪而北，复循宫墙而东入于泮池"见《济南府学校考》）。

真不敢想象，济南府学的水道，竟是三水交汇。

美得不能再美了。

难怪人们称它"为学宫卫护灵秀天钟人文奥区也！"（《济南府学校考》）

王象乾称颂这玉带河景致之美曰："曲引巽水潆洄绕匝，抱若玉带，汇于飞跃亭之前，绕归湖上。山川之奇，愈有以甲天下。"（《郡守樊公德政碑记》，下同）

说来也巧，这济南新景，美不胜收，随即又迎来济南科考高潮："士皆矜奋，联翩得售不可胜数。"

樊时英在这绿水之畔，"命题课士，盘桓亭中不能去"，人们称其"德泽与清流俱长矣！"

济南府学建筑现已恢复旧观，真盼望那条美不胜收的玉带河重现在我们面前呀！

府学铁牛山，妙在神秘感

旧时，济南府学文庙有铁牛山，为济南"三山不显"之一。所谓"三山不显"，是说济南城内有三个地方，平地孤石突起，人们习惯称之为"山"，但因其矮小，在远处看不到，所以为"三山不显"。据嘉道间济南名士范坰《风沦集》："铁牛山，在庠门内，伏地中，仅露其脊，非铁非石，宛然牛也。常有小水，矮亭覆之。或谓是海眼所在，昔人铸铁以为镇，亦不见经传。"

乾隆年间，济南泺源书院主讲沈可培有《莲子湖舫歌一百首》，其中有《铁牛山》诗：

> 浴佛佳辰佛事修，红妆女伴任勾留。
>
> 天齐庙里烧香罢，乘兴还来看铁牛。
>
> （铁牛山在府学左）

说的是浴佛节，据乾隆《历城县志·地域考三·风俗》："孟夏月，八日，为佛浴日，僧作盂兰会，遍乡仕女咸上东岳庙、北极庙。"这一天，济南的善男信女在修完烧香、献花、献果等佛事后，必得到府学文庙来看铁牛山。铁牛乃是济南一景，济南人会时常前来观看、赏鉴。

明代济南府诗人王象春所作《铁牛》诗（见《齐音》）：

> 铁牛镇水深藏处，还似石鲸晚啸风。
>
> 月下依稀头角出，时将黑犊饮池中。

描述很是生动传神。王象春认为，这铁牛乃是建城时铸铁为牛，用以镇除水患，铁牛在月明星稀之夜出入，并携小牛来池中饮水。清代诗人董芸对此颇不以为然，他在《广齐音》中说："府学启圣祠前玉带河西南，有石陷入地中，黝黑而光泽，如卧牛状而微露其脊，俗呼：铁牛。按《后汉书·郡国志》：东平陵、历城皆产铁。此与灵岩寺铁袈裟，该为铁之精美发见于地上者。《齐音》以为建城之镇，又谓夜中或见其出入，疑为神。皆附会。"

这样，我们可以归纳关于铁牛山的分歧所在：

其一，均不知来自何年。

其二，其功能、用途成谜。

其三，为石制为铁制抑或非石非铁，众说不一。

非要用现代手段将其分析化验，确定成分吗？那是大煞风景的蠢事。

没有结论，保持一定的神秘感，这是对的，这才有了人们千百年来的好奇心，这才有了铁牛山永远的观瞻价值。

谓予不信，请看几首铁牛山的古诗。

尹廷兰（生卒年不详），字畹阶。济南府历城人。清乾隆三十九年（1774）举人，官至高唐州学正。后称病归济，常与同邑翟凝、周奕黉寻林泉胜处饮酒赋诗，称"历下三诗人"。尹廷兰少时受业于同邑学问大家周永年，精考证之学。著有《华不注山房诗文集》。其《铁牛》诗颇非同一般：

> 质亚金三品，灵钟水一湾。赋形原是铁，出土即成山。
> 何日生头角，此牛非等闲。藏身疑毂觫，拔地忽屖颜。
> 德泥坤之顺，材方石更顽。宝光凌象纬，真气压尘寰。
> 茧栗谁能舍，峰峦近可攀。久期钟鼎用，毓秀傍贤关。

金银铜铁，铁居第四，故诗人称铁牛为"质亚金三品"的"四品"，由此可见，尹廷兰一开始是将牛作为"铁牛"写的。他写这铁牛非同寻常的"出土即成山""拔地忽屖颜"的威猛气势，但接下来，他又巧妙地将牛写成石牛（"材方石更顽"），写"石"与土地、峰峦的血脉联系（"真气压尘寰""峰峦近可攀"）。如果没有这非铁非石、亦铁亦石的传说，他能如此随心所欲、左右逢源地创造艺术情境吗？最后，他说，这牛的命运真个是好，它生在府学文庙这样的地方，就好比，这牛很久就渴望能得到大用，如今愿望实现，依傍在培养贤士、化育人才的神圣学宫了。

不确定性，神秘感，恰恰是诗人作诗最好的诗料。

同样将铁牛山写得风情潇洒的还有钟廷瑛。钟廷瑛（？—1834），字仲玮，号退庵。清代济南府历城（今济南市）人。清初山东学政钟性朴玄孙。自幼聪明颖异，读书过目不忘。清乾隆三十五年（1770）举人，历署池州通判、泾县知县，所至有声。后辞官家居，善易理，尤长于诗。著有《退轩诗录十五卷》，撰有《长山县志十六卷》。我们且看他的《铁牛山和魏果亭》：

> 紫气浮沙去不远，谁将觳觫铸成山。
> 触墙饱看春牺祭，向月畤歌厉石班。
> 只有骨皮撑地肺，更无头角露人间。
> 新诗欲起沉冥客，跃冶何当出老顽。

（清刻本《退轩诗录卷九·今体诗》）

紫气浮沙，诗人用的是老子骑青牛西游出关的典故，以此为喻，适见学府铁牛之历史文化价值。"触墙饱看春牺祭，向月畤歌厉石班"是写铁牛的烈烈风采，府学是用牛作祭祀的场所，铁牛眼看同胞的命运，不知做何感想，而"向月畤歌厉石班"句，则令人眼见耕牛的辛劳豪迈、坚忍不拔。第三联是内蕴深刻的诗眼所在，表面看来是写实，是写铁牛埋在土中仅露其脊的现状，实则不然，里面应该包含着诗人痛苦的生命体验，他说：尽管你顽强地用"骨皮"撑起了整个世界，但也不要"崭露头角"，因为"崭露头角"是极不安全的，你应该学会铁牛的"韬光养晦"，这显然是钟廷瑛遭受挫折之后的人生智慧写照。

济南府学有奇石：龙石

旧时，济南府学泮池上有太湖石，系元代济南名臣张养浩云庄奇石"四灵石"之一，曰：龙石。

府学文庙之龙石，是明代万历初年济南知府平康裕所立。据康熙《济南府志》卷二十五《平康裕传》，平康裕为"北直隶河间人，万历间知济南府，有风裁……立太湖石于府庠泮池上"。

至20世纪70年代该石移入趵突泉公园，其立于府学文庙长达四百五十余年。

不知为何一个明明白白的龙石，一到趵突泉公园就摇身一变成了龟石。

趵突泉公园内现被介绍为龟石者，不少文史专家如张昆河、魏敬群先生都曾指出其实是张养浩之龙石。魏敬群先生从石的形状到其象征意义加以论证，他指出："这块太湖石的形状，怎么也无法和龟的形象联系起来，却越看越像云中蟠龙。""再从象征意义说，它是上世纪70年代从府学文庙移来，古时的学校是秀才们读书学习、准备通过科举考试一步登天的地方，学子的梦想就是成为人中之龙，有朝一日飞黄腾达。……所以，文庙不会将一块龟石置于院内，而只会选择龙石。"

笔者赞同这些观点，并依据新的发现，做一些新的论证与补充。

其一，按之济南文献，府学文庙之太湖石，均记载为龙石，从无龟石之说

府学文庙之奇石明确作为龙石的记载见于明万历四十四年（1616）王象春所作《齐音·四灵石》："郡中有四灵石，玲珑清古，极天工之巧。一在府学。"其后，清康熙《济南府志·摭佚志》又明确指出："郡城有四灵石，在泮池上者曰蛟龙。"清道光《济南府志·杂记》亦有是载。而道咸间济南文史

家王培荀在其《乡园忆旧录》中亦称："张白云先生养浩……其龙石在府文庙泮池前。"（《乡园忆旧录卷四》）

其二，今趵突泉之所谓龟石，与府学文庙龙石，高度大体相符

王培荀在《乡园忆旧录》中称："龙石在府文庙泮池前，高几二丈，瘦削夭矫，势欲拏云。"

几，接近，但不到二丈，再说，那是清代的尺寸，比现代要小，这就更不足二丈了；况且，王培荀系肉眼所见，文人描述往往多少会有所夸张。今趵突泉太湖石高度近四米，较之清代的"一丈"高了许多，所以说，这二者的高度是大体相符的。

其三，形象亦相符合

关于趵突泉太湖石的形象（形状），王培荀称"瘦削夭矫，势欲拏云"，魏敬群先生称"越看越像云中蟠龙"，其所见略同。今笔者又发现一可靠文献，张养浩《云庄休居自适小乐府》有《【中吕】十二月兼尧民歌·秋池散虑》，其中有云："太湖石神剜鬼剗，掩映着这松衫。恰便似蛟龙飞绕玉巉岩，骇的些野鹿山猿半痴憨。"这不仅可证张养浩确有龙石，而且有龙石造型的"写真"：恰便似蛟龙飞绕玉巉岩。蛟龙盘绕，此确为趵突泉龙石之最生动、最形象之

龙石

写照。

张养浩深知这等龙石之难得，故称为"神剜鬼剷"的太湖石，如今将之毫无依据地说成龟石，该是咱济南多大的损失！

至于龟石，历代济南府、县志亦多有记载，据康熙《历城县志》，盖自清初，此石已进入山东巡抚部院即今珍珠泉大院，不幸的是，数百年后毁于抗日战争炮火之中。

龙石在济南府学时，文人墨客多有吟咏，如乾隆末年济南泺源书院主讲沈可培《莲子湖舫歌一百首》中便有《四灵石》诗：

> 郊薮真看畜四灵，奔腾飞舞各成形。
> 玲珑未入奇章目，神力应劳运五丁。

这诗中的飞舞，正蛟龙与凤翥是也。沈可培还在诗的笺注中说："济南有四灵石，在府学泮池上者曰蛟龙，在紫薇堂者曰凤翥，在开府署者曰龟石，在通乐园者曰麟石。旧志称：殷相国仕儋曾以千金购麟石云。"由此可知，在当年，府学泮池上为龙石，根本就是众所周知之事，哪想今日反成疑问！

入祀名宦祠的两位府学教授

清代，济南府学有两位学官以自己辉煌的业绩有幸入祀济南的名宦祠，他们分别是康熙年间的济南府学教授孔贞瑄，嘉庆年间的府学教授李允升。

入祀名宦是一件相当不易的事情，它须是本地任职勤政爱民、造福一方百姓、功德卓异之官员，逝后由当地士民举荐，经本省总督、巡抚，会同学政大人审核批准，方能将其牌位入祀所在州县名宦祠，该州县官员则于春秋两季带领士绅祭祀。由此可知，祭祀名宦具有崇德报功、教化民众的社会意义。

孔贞瑄：一身绝活，修文庙乐律

清康熙二十六年（1687），在济南府学文庙的历史上是值得大书一笔的一年，这一年，失传已久的孔庙乐律，在济南府学排演成功。其修律专家为孔子六十三代孙、济南府学教授孔贞瑄。

孔贞瑄（生卒年不详），字璧六，号历洲，晚号聊叟。山东曲阜人。至圣六十三代孙。顺治十七年（1660）举人，次年会试中副榜，官云南大姚知县，罢官归里，潜心经史，精算法、韵学，通乐律，著有《聊园全集》及《泰山纪胜》。

其实，孔贞瑄与济南有着更深的感情与渊源，而不为常人所知。据道光《济南府志·宦迹六》："孔贞瑄……至圣六十三代孙，顺治十八年会试副榜，究心经史……而尤长于音律，少好洞箫，尽七调之变，因悟三分损益，上生下生，旋相为宫之说。康熙二十六年，由泰安学正升任济南府学教授。时文庙乐律失传，学使宫定山（宫梦仁，字定山）命修之。乃选青俊儒童二百三十人，分部教演，凡六阅月，而八音诸器皆通晓之。乐分八部，曰成乐部，曰歌部，曰丝部，曰击部，曰吹部，曰舞部，曰引导部，曰设悬收发部。本阙里之条理而参以己见。既成，奏之，清浊高下，不失其伦。后升云南大姚知县。因与上官不合，罢归。购聊园以自乐。年八十三卒。"道光《济南府志》中，在府学教授的层级上，只有两人有传，而孔贞瑄是其中之一，此足见在前人眼里，他对这座城市影响与贡献之大。

孔贞瑄热爱济南，写有不少吟咏济南之作。他与济南著名诗人王苹为莫逆之交。他写有《题王秋史廿四泉草堂》诗：

> 半顷修篁一草庐，百泉潆带水云居。
>
> 元龙豪气今除未，借米分灯只著书。

（参见侯林、王文《济南泉水诗补遗考释》）

孔贞瑄《题王秋史廿四泉草堂》诗，虽只寥寥数句，但却相当准确地写出了二十四泉草堂主人居处之美（"百泉潆带水云居"），家境之贫（"半顷修篁一草庐"），骨气之高（"元龙豪气今除未"），特别是文化追求之坚定不移（"借米分灯只著书"），而这些恰恰是王苹王黄叶生存与生命之典型特征的生动写照。

孔贞瑄与王苹恩师田雯为同年举人，并多有来往。康熙二年（1663）冬，田雯自济南谒曲阜，住孔贞瑄家。康熙四十八年己丑（1709）王苹南游曲阜，作有《石船诗奉和孔明府历洲二首》，为与孔贞瑄唱和之作。

李允升：品学优长，接引后学

清嘉庆六年（1801），济南府学迎来了一位新的学官——新科进士李允升。其人原授官国子监学正，想想在京师那上升的机会与空间自然比地方大得多，可这李允升偏偏不感兴趣，执意要回山东老家，于是来到济南府学当了主管——教授。

正是他的这一选择，给济南的莘莘学子带来了莫大的福分。

李允升（生卒年不详），字隽阶，号蔼溪，文登人。嘉庆六年（1801）进士，授国子监学正，改济南府学教授。著有《四书证疑》八卷、《诗义旁通》十二卷、《易简堂诗稿》等。

据道光《济南府志·宦迹》、光绪《文登县志·人物志》，我们可以看到李允升诸多与众不同的美质：

其一，李允升"品学优长，不妄干谒"。人品与学问均非常出色，尤其是有独立自由之人格，虽则作为"冷官"，但绝不去结交攀附权贵。

其二，李允升"嗜学好古，不墨守章句"。他于四子书（《论语》《大学》《中庸》《孟子》）独有心得，而治学则博采众家之长，引而伸之，不自托正宗之意，不专守一途。用现在的话说，即是不因循旧说，且思路开阔，富于创造精神，鼓励创新，这在学者们"奉一讲章为圭臬""间有疑而不敢言"的古代，尤为可贵。因此他才能"于先儒之说多所发明"。其《诗义旁通》一书，山东学政冯誉骥亲为之序。

其三，"允升制艺冠一时，接引后学谆谆不倦"。李允升是制艺专家，所教出的生徒甚多，科甲甚盛。

其四，培植之功，世世不忘。济南府学有秀才名叫刘登桂，因为家境贫寒不得不放弃学业，李允升了解情况后将他召至学府中，抽时间单独辅导他（"授之粲课以学"）。后来，刘登桂考中了举人。其后刘登桂子孙又多登科甲者。李允升的培植之功，刘氏一家世世不忘。

而李允升一家，其子李淳琳任临朐教谕；其孙李厚恺任莒州学正。用现在的话说，李氏一门是模范的"三代教师之家"。

花灯一条街

昔日的芙蓉街是一条充满文化气息的街道，是济南民俗文化集中展示的场所之一。数百年里，它都是济南的"花灯一条街"。

花灯，又名灯彩。元宵赏灯，是中国自然也是济南的古老风俗之一。不过，各地的情况也会有所差异，在济南，"孟春月……元夜，通衢张灯，放花炬，男女群游，谓之'走百病'；过桥，放河灯"（乾隆《历城县志·地域考三·风俗》）。

上面曾经谈到，在芙蓉街成街初期的清雍正初年，便有时任山东青州府同知的萧山诗人张文瑞（1685—1743），写下两首芙蓉街诗，这是我们迄今见到的芙蓉街成街之后最早的文献。在他的《济南元夕》诗里，留下"芙蓉街上灯千碗"的诗句，"灯千碗"，这是一个十分宏大的场面，虽然这是作诗，我们不能以此数字为准，但说明芙蓉街当时灯彩之繁多、观灯场面之热烈，作为济南观灯胜处的事实，却是毫无疑问的。

这样的岁月、这样的场面延续了很久很久。

夜幕下的芙蓉街热闹非凡 李瑞勇摄影

　　郑鸿（1830—？），字伯臣。山东曲阜人。诸生。自幼聪敏，好为诗文。屡试不中。家贫，不得已出仕，官中州司理。奔走宦途数十年，吟咏不辍，自谓其诗瓣香王士禛。著有《怀雅堂诗存》。

　　郑鸿生活的年代，已经比上面的张文瑞晚了将近二百年之久，他却依然看到了芙蓉街观看花灯的盛况，而且，比当年有过之而无不及。下面是郑鸿诗作《历下竹枝·芙蓉街》：

> 红粉青娥结队来，看灯人坐两边排。
>
> 芙蓉街接芙蓉巷，人面芙蓉万朵开。

（选自清光绪刻本《怀雅堂诗存》）

　　此诗对于芙蓉街观灯写得相当详细，从观灯的人群、观灯的秩序、观灯的地点与方位，以及观灯的情绪，都有生动描绘。红粉青娥，显然赏灯以女性为多。"看灯人坐两边排"，足以见出观灯之盛况，一是芙蓉街的两边全是人群，二是"坐"看，说明观看时间会很长，且来晚了就没有坐的地儿了。第三句"芙蓉街接芙蓉巷"，更不得了，一条街不够，显然是挤满了观众，只好又转移到毗邻的另一条街——芙蓉巷里去了。第四句"人面芙蓉万朵开",写人们观灯的热烈情绪,人人笑逐颜开,昂奋无比,脸上好像鲜艳盛开的芙蓉花。这"人面芙蓉"却又紧扣着"芙蓉"的街名,真的是奇思妙想。

笔者曾想:为什么一个花灯会还要坐下来看,还要花费那么长的时间,这里面一定另有文章、另有好戏。是的,真的是有节目、有轰轰烈烈的扮玩活动哩,笔者后来终于发现了答案,请读者诸君参看下文。

游戏扮玩一条街

芙蓉街作为济南"金街"的历史地位,不承认不行。前面谈到,芙蓉街自诞生起,便是济南的"花灯一条街",后来,它又成为济南的"游戏扮玩一条街"。这有嘉庆年间山东按察使王汝璧的诗可以为证。

王汝璧(1746—1806),字镇之。四川铜梁人。王恕子。清乾隆三十一年(1766)进士,授吏部主事,迁郎中,出为直隶顺德知府。调保定,嘉庆四年(1799)擢山东按察使。下年迁江苏布政使,官至安徽巡抚、刑部侍郎。

《晚晴簃诗话》称其"其诗专学昌黎,戛戛独造,力洗凡庸,但喜押险韵,时有附会"。今观其诗,果然。

在其《铜梁山人诗集》中,有《芙蓉街踏雪分韵得"踏"字》:

> 裂竹砰訇风纚飒,太平鼓打声铛瞽。
>
> 雪泥一尺深复深,蜡屐红裙相迤遝。
>
> 六街风色何萧森,满地冰棱似渠荅。
>
> 闭门箫管寒凌兢,冻合夫容水破磕。
>
> 颇闻花市唐花开,鼠姑婀娜天桃菡。

清扬窈窕薰兰芳，蔓草覭髳藏艾纳。

褰裳结脚来访之，三百青钱问不答。

天花弥逗堆琼瑶，子所居奇笑应嗒。

化工无心德泰大，取之不尽随撷跤。

夜寒灯火闹分朋，何人连臂歌且踏。

土牛彳亍来何迟，一片春声动闾阎。

王汝璧于嘉庆四年（1799）三月擢山东布政使，一年后离任。此诗当写于嘉庆四年冬十二月。

首句"裂竹砰訇风繼飒，太平鼓打声铛瞥"，太平鼓，也称腊鼓。打羊皮鼓，是中国北方民间娱乐习俗，旧历腊月用于祈福、祈太平的歌舞表演。表演者左手持鼓，右手执鼓鞭，边打边唱边舞，场面十分火爆。《辞海》称其流行于北京、河北、东三省一带，由此诗可知济南也十分盛行。全句说，爆竹轰响，锣鼓铿锵，虽则是严冬朔风凛冽，但欢快热烈的太平鼓表演却在芙蓉街隆

吃在芙蓉街 李彦摄影

重登场了。

这些说的是表演的实况，接下来则是观众的情况："雪泥一尺深复深，蜡屐红裙相迨遝。""蜡屐"，谓游历者，此主要指男性观众，与下面"红裙"即美女、游女相对应；"迨遝"，声音嘈杂。全句说，在深深的积雪中，数不尽的士子游女踏雪而来，摩肩接踵，兴致勃勃，各种声响交织在一起，场面宏大壮观，好一个人气爆棚的花花世界啊！

下面，诗人宕开一笔，从天寒讲到济南花市的唐花（即堂花。北方天寒，腊月所卖鲜花供

关帝出游　张泉刚摄影

新年所用者，出于暖室，称为唐花）正开，虽婀娜窈窕但价格昂贵，断不如这犹如"天花"的大雪，在普天之下所堆就的"琼瑶"世界呀！然后诗人的叙述又回到芙蓉街上："夜寒灯火闹分朋，何人连臂歌且踏。""分朋"，即分组游戏，显然游戏之兴致到了极致之境，这时诗人也忍不住和友人们手挽着手，且歌且舞起来。此处写到了忘情之处，且紧扣《芙蓉街踏雪分韵得"踏"字》的诗题。

最后，一场大戏的华彩段落终于出场了，"土牛彳亍来何迟，一片春声动间阎。"土牛，用泥土制的牛，古人在农历十二月出土牛以除阴气。后来，立春时造土牛以劝农耕，象征春耕开始。"彳亍"二字，巧妙地把土牛摇摇摆摆的笨拙可爱姿态刻画出来，充满着诙谐意味。土牛登场，使得芙蓉街的火爆达到极点。虽则时在寒冬腊月，但是，春天的气息，春天的声响，已经弥漫在济

南的千家万户之中。

太平鼓、观众分组踏歌之舞、土牛表演……芙蓉街成了游戏扮玩、民俗表演等各类文化和节庆活动的举办场地。

纵观全诗，充溢着昂扬向上的乐观精神，诗人许是为芙蓉街的春之热浪彻底陶醉了。

好想立即到芙蓉街去，寻觅、体味那些湮没在历史烟尘中的瞬间与过往……

芙蓉街人说芙蓉街风

吾友刘君广林，中医师，能诗，风雅人也。生于20世纪50年代初，祖居芙蓉街上。一日相见，与余忆及芙蓉街旧事，颇有所感。余此际正作《芙蓉街志》，所苦无现代人谈及老街之悠悠街风，因据实相告。不意广林兄慨然道：吾生于斯，长于斯，自当有所回报也。余大喜过望。遂定采访日期。今据采访对话整理，以示读者诸君。

刘君曰：岁月不居，往事如烟。弟自幼在芙蓉街长大，关于这条街的记忆很多。几十年过去了，但那熟悉的往日街景与店铺，依然历历在目，甚至门楣上张贴的那些有声有色的对联，也不曾随着岁月淡去。

余曰：敢问其详。

刘君曰：芙蓉街作为一个数百年的商业老街，街上各色店铺齐全。由南而北，在我的记忆里，有维修乐器的高家店铺；贾家理发铺，这理发铺不仅理发，还免费为小儿做些接骨拿环的事情；赵家电料行，则常常免费为老百姓接灯走线；还有西洋修表铺、西美理发铺、宋家裁坊、北和酱菜园等；特别是那个高家画书店，那其中琳琅满目的小人书不知给我们的少年时代带来多少知识与乐趣。

对的，还有对联。

普太和药店在芙蓉街中段路西，门上的对联是"膏丹丸散精炮制，普济人间称太和"，巧妙的是店主把药店的名字嵌入联语之中，示其使命担当义不容辞。

余曰：毕竟你是医家，故于药房之联所忆甚切。

刘君曰：其他亦历历在目。比如，与之邻近的郭氏刻字社则是："方寸间精雕细镂，存世上千载流芳。"毕竟干的是文化活儿，这对联也与众不同，称得上下笔成文，出口成章也。

余曰：这对联确实是一种文化，它透视出一条老街的文明与风雅。

刘君曰：吾家对门吴家裁缝铺，院中石榴树冠硕大而茂密，院里成盆成对之茉莉花，夏日里散发着浓郁香气，如同波浪一般，阵阵袭来。北屋有宽大之案桌，旁边安放着虽已有些老旧却擦得瓦亮瓦亮飞人牌缝纫机。吴老伯戴老花镜，脖子上缠绕一皮质软尺，满脸含笑，让人觉得不像是裁缝，却像一位儒雅塾师也。

看看门上的对联就更信服了："天上彩云门前过，撷来妙手裁佳衣。"好诗意啊！在这样的人家做衣服，你还怕不称心如意吗？

余复问道：可有茶馆酒肆？

刘君曰：有的。与吴家裁缝铺相邻的便是宁家茶庄了。店里摆放着古色古香的木质茶箱，镂刻着大红袍、六安瓜片、龙井、茉莉等等字样。宁老伯喜欢在上衣外边着一古铜色坎肩，整洁干净，没有一丝皱褶，而见到客人总是虔诚地行一个躬礼，一派茶商的典雅风范。而那大门上的联语则是"满城泉水柳烟里，一壶溪流庭院中"，是的，未曾饮茶，你已经被这雅室烹茶庭院香的气氛给陶醉了。

余曰：信然，这芙蓉街北有府学文庙，南有泺源书院，从来是礼乐三千，书卷气十足的……

刘君曰：芙蓉街上还有关帝庙，我记得那里的楹联是：许诺堂堂正正，守

芙蓉街街景　李铭摄影

信世世生生。对了，老是说对联，该说说街风了。

余曰：对联亦是街风，亦显示居人之好尚也。

刘君曰：也是的。这芙蓉街的确是个尚贤崇义、民风古朴的街道。我记得20世纪50年代，那时街上还没有自来水，人们大多吃的是自家院里的泉井水，有的院里没有井，有的院里有老人，那时你看那卖水车，天天为老人和深院里人家送水，对孤寡老人分文不取。还有，街上的公厕，大家争着去打扫，你想排班都排不上。居民们都是自发地清扫街道卫生，连电线杆周围都一尘不染，没有死角。"劳苦之事则争先，饶乐之事多共享"，是这里的传统。

余忍不住赞道：真的是闾里恂恂有古风呀！

刘君曰：诚然。济南人有一句话，叫作"关上门朝天过"。这是用来批评那些自顾自的人们的，咱们芙蓉街没有这样的人。我常常想起在这条街的往事，其中最为难忘的就是人们之间的团结与合作。我要出门了，家里的钥匙不必带在身上，总是放在同院或邻居家里。那时真的是夜不闭户、路不拾遗。谁家包水饺了，总是要分个三家五户的，特别要老人先尝。还有，那些临街的住户，总会把自己精心养护的鲜花放在门口不碍事的地方，让街坊与行人观赏。古人云："以利他之心为念，以助人成德为习。"这正是这条街的街风啊！

余曰：乡愁思旧故居地，敦厚民风良善心。敢问刘兄，可有刻骨铭心至今尚在之忆念否？

刘君曰：有的。在记忆深处有一钢笔铺，是专门修理钢笔的王老伯开的，钢笔不好用的，撞了尖的，到他手里就神奇地修好了。来这里还有特殊的优惠：赠送筷子蘸水笔。原来是，有不少以旧换新换下来的旧笔芯，王老伯觉得扔了可惜，便做成了筷子蘸水笔，无偿赠送给顾客了。

王老伯的小女儿拉得一手漂亮的二胡，《二泉映月》《江河水》的美妙旋律常常飘荡在街心，引得众多的邻人驻足倾听。而我，也常常是其中之一。

啊！说到此处，耳畔又仿佛响起那余音绕梁、三日不绝的二胡声！

附录

芙蓉街建街考

沧海桑田，秋风禾黍。

作为济南市文化内涵至为深厚、知名度最高的古街之一，芙蓉街究竟建街于何时，这是济南学界至今尚无定论的问题。

有人称其为百年老街，有人其称为千年老街，其实，皆无稽之谈。

据笔者考证，迄今发现的关于芙蓉街（名）最早出现的文字记录在清雍正年间，出自时任青州府同知的张文瑞的两首诗中。

其一，《济南元夕》：

> 流览齐州九点烟，品题七十二名泉。
>
> 芙蓉街上灯千碗，水面亭西笛一椽。
>
> 节序每从忙里过，月华偏向恨人圆。
>
> 靴边踏破缘何事，不负诗逋负酒钱。

其二，《元夕后踏芙蓉街口占》：

> 扑灯天气颇宜人，游女阑珊路不尘。
>
> 三五月圆二八缺，老夫来踏七桥春。

（均见张文瑞《六湖先生遗集》 清乾隆刻本）

张文瑞（1685—1743），字云表，号六湖，浙江萧山人。早籍太学有声，屡试不举。后随例谒选，雍正年间授山东青州府同知。修炮台，兴水利，除盗安民，颇有治绩。工诗。所著有《六湖先生遗集》。据其好友、时任兖州府知府的金以诚回忆，雍正丙午（1726）前后，张文瑞与同官们因公事"岁四三聚"于省城济南，写了诸多咏歌济南山光水色、风物民情的作品，惜乎"一官

蹉跎，十年不调"，于乾隆十年溘然长逝。（参见金以诚《六湖遗集·序》）

显然，张文瑞的两首芙蓉街诗，当作于距今二百九十多年前的清雍正四年（1726）前后。

然而，从这两首诗的词义来看，如"芙蓉街上灯千碗"，又如"元夕后踏芙蓉街口占"等，当时亦即雍正初年的芙蓉街已经相当成熟且热闹，它业已成为与"品题七十二名泉"并列的济南元宵节踏街观赏灯彩的街衢，且已成为通往大明湖的通道（"老夫来踏七桥春"），因此，这条街的形成年月显然应该更早些。

明代吗？

在明代的济南、历城地方志中，均见不到芙蓉街的名字。

而芙蓉街左近的不少街道，如布政司街、贡院巷、茶巷等，均已耀然在目。甚至，当时的（布政司前的）布政司街已成为"贾廛错列"，被誉称为"历下之庄岳"的繁华大街，而布政司东西的街亦煌煌亮相，西曰灵官庙街，

2007 年修缮中的芙蓉街　李瑞勇摄影

东曰四牌坊街（参见明叶承宗《历城县志卷三·衢市》）。

这一切都说明，在明朝直至明末，芙蓉街均未形成。

这原因究竟何在呢？

明代，街虽未有，而地处这座街上的诸多建筑，却早已存在了。如叶志"灵官庙"条："布政司西，东向遥与关庙对。"（明叶承宗《历城县志卷四·建置·坛庙》）关庙，即关帝庙，另外，尚有龙神庙，这些，包括德王宫的宫墙，都在（后来形成的）芙蓉街的东侧。而西侧，则是一些官员的住所，如芙蓉泉所在的韩观察韩应元宅，又如德王府长史许邦才的瞻泰楼，还有前朝张文忠公张养浩的七聘堂等。于是，德王宫的势焰和威严，坛庙的肃穆与尊严，官员及其后人的优越与清高，都会形成建街的阻力，而其中最不得了的是德王宫，还有，是处于街中央部位的那条溪河梯云溪。明诗所谓"芙蓉泉水绕宫墙"，也正好说明了芙蓉街成不了街的两大主要原因吧。

显然，芙蓉街的成街，无论是从原委上还是规模上，都与德王府的覆灭有着直接的、必然的联系。

崇祯十二年（1639）正月，清兵入犯，济南城陷，平民死亡无算，德王朱由枢被执，诸郡王全部被杀，济南被焚掠一空。一时间，佛山垂首，群泉鸣咽，大明湖成了一汪血红。（参见谈迁《国榷》卷十二）

德王府是真的威风扫地了。德王府变成了什么模样？清代的史书没有记载。幸好有不怕杀头的隐逸诗人徐夜（他是济南府著名诗人王象春的外孙，王士禛的表哥），怀一腔悲愤，写下了再真实不过的当哭长歌《济南故宫行》，我们且看这首诗：

> 王气龙残旧宫址，流尽繁华绕宫水。
>
> 中流箫鼓已沉舟，往事重来呼不起。
>
> 忆昔艳妃专王宫，舟上荡公面不红。
>
> 量断珍珠买泉色，坠钗拾得今年中。
>
> 几时雨塌围墙倒，过往行人成大道。

北人饮马来无时，砌花犹绾石榴好。

改修别庙宫拆墙，中间天地盛草场。

青苔无人觉来往，长门望断空斜阳。

旁余游殿烧未得，时有满官来宴会。

坐中往往作谜语，北人不觉南人泪。

我行其下心惨悲，想见当年全盛时。

土山之头出松柏，内里层迭人未知。

禁后桥通玄帝阁，金碧龙蛇总零落。

后有寝庙祠大宗，庙貌钟簴亦寂寞。

左近人家偷殿椽，重枚割去犹存边。

壁釭化鐍土蚀秃，丹题日供柔柴烟。

土山之旁垂杨下，日暮北人还骑马。

圣祖神灵安在哉，大势已去无可哀。

（徐夜《隐君诗集四卷》，民国二十三年桓台徐氏刻本）

全诗以"王气龙残旧宫址，流尽繁华绕宫水。中流箫鼓已沉舟，往事重来呼不起"作为开端，展开了沉痛深挚的述说，这"量断珍珠买泉色"的王宫如今已是长门望断，被清兵毁坏得惨不忍睹了：宫墙，这昔日护卫王宫、象征王宫威严、隔绝平民百姓的屏障几乎全部倒塌，成为过往行人任意通行的"大道"（"几时雨塌围墙倒，过往行人成大道"）；宫殿，主要的大殿都被焚毁，只剩下小的"游殿"，且被满人官员占据成了他们的游宴场所（"旁余游殿烧未得，时有满官来宴会"）；王府中央阔大的空间，则成了荒草蔓生的草场（"改修别庙宫拆墙，中间天地盛草场"）；泉池水榭，成了北人即满人的饮马池（"北人饮马来无时，砌花犹绾石榴好"）；更有甚者，是邻近的居民趁机偷盗宫殿的檩条和椽子，这些珍贵的建筑木材上留下了被生生割去的痕迹与伤疤（"左近人家偷殿椽，重枚割去犹存边"）。

纵观清兵入主、德王府覆灭所引发的社会心理与情感结构，应该是一个复杂意绪的结合体，其中，有对清兵入侵血腥暴行、改朝换代的愤恨、屈辱与悲辛，有关于"昔日王谢堂前燕，飞入寻常百姓家"的充满凄凉况味的痛感体验，有类似大众狂欢的疯狂心理感受。所有这些，直至康熙五年（1666）山东巡抚周有德在这块基址上重建山东巡抚衙门之前（不用等到巡抚衙门的建成），无疑开启并昭示了这块土地上一个平民化、市井化的新的时代的来临。

这个平民化、市井化的进程，正是芙蓉街建街所必须经历的路。而作为平民化、市井化程度加深的表征，还有顺治时代济南的烟火。

顺治年间，德王府更加残破凋零，俨然成了野兔与野鸭子的天堂，"废苑惟藏兔，荒亭自浴凫"，这诗句出自清初顺治六年（1649）进士董文骥《济南》诗二首之二。

然而，更为不可思议的是，顺治后期，德王府竟然成了老百姓表演烟火的场所。施闰章《烟火行》："济南乱后年初丰，上元鼓吹如江东。歌儿游女不知数，千家万家春灯红。爆竹声中烟火出，忽如焰发阿房宫。"那时济南人玩烟火简直玩出了花，其精彩与成熟程度令人震惊且叹为观止，烟火甚至能幻化成"鱼龙戏"与"海市蜃楼"来。

而这表演的场所你道是哪里？不是别处，正是昔日的德王故藩。施愚山先生接着说："我闻此地旧王府，夜夜鳌山照歌舞。"施闰章于顺治十三年至十六年（1656—1659）任山东学政，此事当发生在顺治十三年底至十四年（1657）初。

然而，在顺治时期，济南没有芙蓉街。

作为一条街，需要人气，而它恰恰缺居民，缺商号。

事情不久便有了转变。康熙甲辰（1664）前后，在原德王府驻地便出现了名为"汇泉"的旅社（或为官办），当年"留省质讯"的登州府举人赵作舟便住进了这座旅社，旅社内有泉，名饮马泉。赵写有《汇泉偶成》《夏夜汇泉邸中》诗描绘当时的情况，其《汇泉偶成》："晓河日射气如烟，投钓纷看饮马泉。旧是宫花深绝处，白鸥春水自年年。"（见赵作舟《文喜堂诗集》，清道光四年刻本）当时饮马泉的水况极佳，前来看泉的人络绎不绝（"投钓纷看饮

芙蓉街上 李瑞勇摄影

马泉"），虽则此时德王府早已墙倒殿毁，而赵作舟却敏锐地发现此泉原是德王宫内的泉（"旧是宫花深绝处"）。饮马泉，据《嘉靖山东通志卷之五·山川上》："饮马池，都司后，前有白云楼，今废，楼后有白云泉。"一点儿不错，此泉正是德王宫内的核心区域，且靠近白云楼与白云泉的一处泉池。

还有，当年在这附近的官员宅第也发生着陵谷之变，比如芙蓉泉所在的宅院韩观察宅，如今已成为普通人居住的宅院。施闰章《芙蓉泉》诗称其为"羽客家"（"讵矜岩洞游，宁要羽客家。虚白茅宇静，峻嶒石槛斜"）。

更令人意想不到的，是在昔日德王府的地盘上，人们竟然盖起了自己的别墅。灰泉，乃德王府内之泉。第一代德王朱见潾《白云亭记略》称："此处有七十二泉，惟白云、珍珠、濯缨、灰泉在府内。"然而，济南却有韩姓者在灰泉盖起别墅。康熙年间济南府著名诗人朱缃写有《过韩天章灰泉别业》（二首），其一曰："小缚茅亭地数弓，石阑诘屈板桥通。佳人读易抚修竹，一片泉声黛色中。"亭台石栏、板桥修竹，泉声黛色，由此诗我们可以想象出别墅的美丽优雅。诗的第二首，则直写灰泉的气势与韵味，以灰泉难写隐喻灰泉难得，耐得读者反复咀嚼："绿萍池面一层开，如絮山云送雨来。输与画师行看

子，泼翻墨汁写灰堆。"（民国《续修历城县志·古迹考四》）

由此可见，这灰泉别业绝非浪得虚名，而是实实在在地拥有了灰泉这块风水宝地。

开旅店、盖别墅，人们正在充满兴致地"蚕食"着这块当初只属于王爷的高贵领地，使得这里越来越像条平民的街衢了。

似乎一切俱备，只欠东风。

然而，翻阅众多的济南古籍，看得两眼昏黑，我们却始终没有找到康熙前期产生芙蓉街的确证。相反的，倒是出现少量令人猜测的反证。

《醒世姻缘传》是清初的作品，其作者署名"西周生"。《醒世姻缘传》写章丘的童生狄希陈等到济南府参加岁考，到济南的次日，他们"从鹊华桥发脚，由黑虎庙到了贡院里面……前后看了一遍，又到了府学里面看了铁牛山，从守道门前四牌坊到了布政司里面，由布政司大街各家书铺里看过书，去出西门，到趵突泉上顽耍了一大会，方才回步"。

看了这段描写，你不能不惊叹作者对济南街衢的谙熟程度，他简直就是经常来济南府赶考的生员啊，其能耐一点也不亚于济南的胡同串子。

府学在芙蓉街北，贡院在芙蓉街西，一行人所有的活动俱在芙蓉街一带，但却没有出现芙蓉街的名字，尤其是这位作者甚至写到了与芙蓉街紧相毗连的四牌坊街和济南分守道，却始终不见芙蓉街的影子。

如果那时确有芙蓉街，他写这段街区是回避不了的。

署名"西周生"者一般认定为蒲松龄（或丁耀亢），而蒲松龄则主要生活于清顺治、康熙两朝。

又比如，司马府的孙光祀。

孙光祀（1614—1698），字溯玉，号祚庭。清代平阴孙官庄人。为官后迁至济南。清顺治十二年（1655）进士，官至兵部右侍郎（少司马）。任职二十余年，惩贪剔弊，富于政绩。他于康熙十八年（1679）致政归济南，其家司马府（在百货大楼对面），紧邻芙蓉街，他因之常来芙蓉泉游玩，并写有芙蓉泉诗《蓉泉即事二首》，诗中，他还写了芙蓉泉周边的"修篁疏柳"，甚至还有芙蓉泉东的水亭，但却未提及芙蓉街的名字。其《蓉泉即事二首》如下：

水亭斜倚碧泉东，春色霏霏雾霭中。

阅世无劳青白眼，抽身不入是非丛。

胸间磊块原消尽，户外淄尘莫与通。

俯仰乾坤容笑傲，时人那识鹿皮翁。

一曲蓉泉溅玉沤，修篁疏柳荫清流。

援琴自适嵇中散，置榻高悬陈太丘。

殿上虎争谁个胜，名场蚁战几时休？

春风春日皆堪赏，底事何须抱杞忧。

（清康熙刻本《胆余轩集》）

由此可知：清初，至少在康熙前期，济南尚无芙蓉街，或者说，尚无芙蓉街的称谓。

德王府的覆灭，并不是芙蓉新街的诞生，它只是为这条街的出现提供了一种契机，一种可能。这之后，还要经历相对漫长的平民化、市井化的过程。

因而，依据我们目前所能掌握的文献资料，我们基本可以做出推断：芙蓉街当形成于（被冠以芙蓉街名为据）康熙中期或后期，距今有三百余年的历史。

芙蓉街的最终形成还可能与这条街上的一条（由明溪变为暗沟的）溪河有关，这就是梯云溪。之所以是可能，乃是因为这理由不是绝对的。如济南有曲水亭街，还有早年的船巷（即东流水）等，这都说明：街中有水、有河，依然可以为街。然而，一般来说，溪河对于街巷的形成，毕竟是一种阻碍和局限。

谈到梯云溪，学界往往认为它产生于明代万历年间，这是受了明代《历城县志》关于这条溪的历史记载的误导，或者更正确地说，是我们误读了这记载。据明崇祯十三年（1640）叶承宗《历城县志卷七·学校》载："万历庚子，沈太守蒸（应为"烝"）修引芙蓉泉水入外泮池，名其水道曰梯云溪。"

而在《卷二·山川》"芙蓉泉"条则有"其水逶迤北流至泮池，沈华东太守浚其渠，名曰梯云溪"的记载。于是，人们便认为该溪河形成于万历年间。万历庚子为万历二十八年即1600年，其实，这条溪河的寿命还要更长些。笔者最近发现明代嘉靖年间山东巡抚张经（即蔡经）所写的一首诗，便足以为证。诗的题目便是《济南学宫引芙蓉泉环注泮沼》："芙蓉泉水绕宫墙，泮沼天开一鉴光。远溯源流穷道体，静涵星斗焕文章。衣冠直拟追三代，礼乐今方冠百王。最喜明时歌朴械，伫瞻清庙荐珪璋。"（张经《半洲稿·东巡稿》，明嘉靖十六年司马泰刻本）

这首诗昭示了张经的思想学养与文化高度，他不把学宫引泉看作一件小事，而是"穷道体""焕文章"，亦即培育人才、追求真知的大事。有这首诗，我们还可以厘正济南学宫与芙蓉泉水的历史记载。这就是说，济南学宫引芙蓉泉环注泮沼一事，应该发生在嘉靖十四年（1535）张经任山东巡抚之时。它比万历庚子整整提前了65年。

其实，我们如果细心一些，会看到叶志上用的是"浚其渠"，这就是说，是疏浚而非挑挖，而沈华东在疏浚之后又将这条溪河命名为"梯云溪"。

最后，是街名。此街与芙蓉的缘分可谓深且远矣。一是这里有大名鼎鼎的芙蓉泉，而该泉的得名原因有二，均与芙蓉相关，一为泉池及周边遍种芙蓉，此晏璧芙蓉泉诗所谓"朵朵红妆照清水，秋江寂寞起西风"是也；一为泉水涌动似芙蓉盛开，此施闰章芙蓉泉诗所谓"连珠出水面，散作芙蓉花"是也。再说，此芙蓉泉的南北还各有一眼芙蓉泉，比此泉稍逊，南面一泉，唤作南芙蓉泉，年代尚无查考，芙蓉街北面一泉，名北芙蓉泉（参见明王象春《齐音》）。二是，此街北段尚有一堤，芙蓉堤，据明英宗年间纂成的《大明一统志·济南府山水》："芙蓉堤，在文庙东，俗呼为叠道。"真的是锦绣芙蓉一条街呀！所以，这名字起得恰切而精妙，简直是非它莫属也！

因为这名字，或者说，只是因为这名字，还引来清代著名诗人一首漂亮的芙蓉街诗呢！而且，这首诗的题目就是《芙蓉街》。

吴镇（1721—1797），字信辰，一字士安。甘肃狄道州人。清代继孙枝蔚、李因笃之后最杰出的"秦中诗派"诗人。乾隆壬辰三十七年（1772），吴镇出任陵县知县，并于乾隆甲午三十九年（1774）任山东乡试同考官，期间住进毗邻芙蓉街的济南贡院，他为此街的景致，甚至为此街的街名所深深打动，欣然提笔作《芙蓉街》一诗：

> 行役犹然案牍亲，寓公无处不风尘。
>
> 街名雅爱芙蓉好，且作秋江画里人。
>
> （清刻本《松花庵集·松花庵逸草》）

综上所述，在没有新的资料发现的情况下，芙蓉街的建街可初步表述为：明代，主要慑于德王府的威严，这条街未能形成；明末，德王府的覆灭为芙蓉街的出现提供了契机；其后，经过半个世纪的平民化、市井化的过程，芙蓉街终于在康熙朝形成，其上限在康熙中期，其下限在康熙后期，距今三百年以远。

（作者：侯琪，侯林。本文系作者为《芙蓉街志》所写的前言之一部分，该书即将由济南出版社出版）

芙蓉街芳华三百年清赏

芙蓉街在雍正初年，即成为济南上元踏街观灯游览的首选之地，"芙蓉街上灯千碗"，这该是多么宏大的气势。然而，芙蓉街此后的发展更加令人惊叹不已！

芙蓉街之所以能够迅速地发展繁荣起来，其主要原因在地利之便：

西踞藩署，二东之赋税云集；南镇都闻，百年之武库飞霜。芙蓉泉北注泮宫，礼乐三千，于斯茂焉；兴文桥东连开府，节制百城，亶其盛矣。洵五方都会之区，一郡镇耸之尊者也。

（姚峻《建醮三年圆满碑记》）

这是康熙年间济南府学训导姚峻为（芙蓉街上）关帝庙所写的碑文，用来说明芙蓉街在清代的形胜，非常适合。盖芙蓉街四面机构云集，是省会政治、经济、文化的中心地带，又兼为清泉流贯，绿柳依依、景致宜人的游览胜处。至清嘉庆初年，芙蓉街已不仅是灯彩辉耀，而且箫鼓盈街，成为游女士子的游览场所，成为省会游戏扮玩、民俗表演等各类文化和节庆活动的举办场地，从而繁华、热闹非同一般了。

这有清人王汝璧的芙蓉街诗可以为证。

王汝璧（1746—1806），字镇之。四川铜梁人。王恕子。清乾隆三十一年（1766）进士，授吏部主事，迁郎中，出为直隶顺德知府。调保定，嘉庆四年（1799）擢山东按察使。嘉庆五年（1800），迁江苏布政使，官至安徽巡抚、刑部侍郎。在其《铜梁山人诗集》中，有《芙蓉街踏雪分韵得"踏"字》：

裂竹砑訇风纚飒，太平鼓打声铿鏧。

雪泥一尺深复深，蜡屐红裙相迓遳。

六街风色何萧森，满地冰棱似渠荅。

闭门箫管寒凌兢，冻合夫容水磈磕。

颇闻花市唐花开，鼠姑婀娜夭桃曶。

清扬窈窕薰兰芳，蔓草颎睪藏艾纳。

褰裳结脚来访之，三百青钱问不答。

天花弥迳堆琼瑶，子所居奇笑应嗒。

化工无心德泰大，取之不尽随撷跋。

夜寒灯火闹分朋，何人连臂歌且踏。

土牛彳亍来何迟，一片春声动间阖。

　　王汝璧于嘉庆四年（1799）三月擢山东按察使，一年后离任。此诗当写于嘉庆四年冬十二月。诗中写道，爆竹轰响，锣鼓铿锵，虽则是严冬朔风凌厉，

改造中的旧芙蓉街　李铭摄影

但欢快热烈的太平鼓表演却在芙蓉街隆重登场了。而在深深的积雪中，数不尽的士子游女踏雪而来，摩肩接踵，兴致勃勃，各种声响交织一起，场面宏大壮观，好一个人气爆棚的花花世界啊！游戏之兴致到了极致之境，诗人也忍不住和友人们手挽着手，且歌且舞起来。最后，一场大戏的华彩段落终于出场了，"土牛彳亍来何迟，一片春声动间阎。"土牛，用泥土制的牛，古人在农历十二月出土牛以除阴气；后来，立春时造土牛以劝农耕，象征春耕开始。"彳亍"二字，巧妙地把土牛摇摇摆摆的笨拙可爱姿态刻画出来，充满着诙谐意味。土牛登场，使得芙蓉街的火爆达到极点。虽则时在寒冬腊月，但是，春天的气息，春天的声响，已经弥漫在济南的千家万户之中。纵观全诗，充溢着昂扬向上的乐观精神，诗人也被芙蓉街的春之热浪彻底陶醉了。

芙蓉街之成为典型的商业街，应该是乾嘉年间的事情。比王汝璧稍后的清代嘉庆、道光年间诗人孙兆溎（字自香，江苏昆山人，幼负异才，其父孙铨为嘉庆十八年任山东阳信知县，随父宦山左）在其《济南竹枝词》中，这样咏唱芙蓉街：

> 街市喧阗达四冲，车行如水马如龙。
>
> 芙蓉西去条条巷，香肆风吹凤脑浓。

这首诗使我们仿佛回到了二百年前的芙蓉街。由这首诗，我们可以得出以下结论：

其一，嘉庆、道光年间的芙蓉街，已成为车水马龙、四通八达的繁华商业街。

其二，芙蓉街的店铺规整漂亮，称省城一流，且熙来攘往，人气旺盛。

其三，这条街及其西去各街，有许多经营香品香料的高档店铺。

难能可贵的是，作为一条商业街，芙蓉街几乎从一开始就不倚仗区位优势，只是经营推销中低端商品。诗人在本诗中大写芙蓉街的气味，殊不知，气味，正是高档、典雅的品位之象征也。

然而，更为难得的是，芙蓉街在其发展过程中，始终如一地葆有着它的文化本性，比如它作为"花灯一条街"的华美姿采。我们且看清代诗人郑鸿写于咸丰年间的《历下竹枝·芙蓉街》：

红粉青娥结队来，看灯人坐两边排。

芙蓉街接芙蓉巷，人面芙蓉万朵开。

看灯，从嘉庆年间的"芙蓉街上灯千碗"历经半个多世纪，到了咸丰，更加盛况空前，无论从规模还是规则上，都有新的变化。看灯的人群，业已从芙蓉街扩展到了其支巷芙蓉巷，秩序井然，依次就坐在街的两边；看灯的人成千上万，笑逐颜开，人气极为高涨。

近代，清末光绪年间，芙蓉街的服装鞋帽和餐饮业达到前所未有的繁荣程度。据光绪八年（1882）《历下志游》所载，当时的衣庄除在西门大街的百顺外，其余全部在芙蓉街，简直"垄断"了济南的服装（销售）业。

鞋帽铺亦然，省城当时最大的两个鞋帽店，都在芙蓉巷开张营业，一是同祥义，二是大成号。

餐饮业更是兴旺得令人眼热，当时济南府的豪华饭庄——"酒楼可假座宴客"者，在芙蓉街与金菊巷的便有福庆楼、海山居、北渚楼等多家，"座客之满，不亚都门，闻有招伎侑酒者，则兼有沪上之风"。值得注意的是，这些酒楼大多具有独特的营销特点，如在芙蓉街北、府学之前的最雅园，此处原为一富贵人家别墅，因其坐地最佳，而且有园亭可资散步，食客爆满，必得先期订座。于是，常有风雅之士携三五友人，在此做竟日之聚。

芙蓉街还是洋广货铺的集中地，济南当时最大的两个洋广货铺，一曰裕聚，一曰裕昌，都在芙蓉街安营扎寨。

芙蓉街上票号钱肆排成长队，如瑞林祥、瑞生祥、谦吉升等，均为济南最著名者，其余钱肆散见于各街。（参见《历下志游》卷三）

民国初年，济南商埠历经近十年的发展，风头正劲，"津浦、胶济，铁路参错，汽动鸣雷，挥汗成雨，灯辉不夜，道洒无尘，是以五方杂处，万货云集"，其繁荣气象前所未有。济南西部形成新的城市中心，济南的经济中心逐

如诗似画芙蓉街 赵经孝摄影

渐移向商埠，在此新的形势之下，济南老城，特别是芙蓉街的发展势头依然不减当年，风采韵致依旧，并且适应新的时代要求，形成一些新的发展特点：

逐渐形成了济南的"名产一条街"的声望与规模。这名产，首先是质量好，其次品类齐全，名产商品不仅是食品，而且涵盖老百姓衣食住行的各个领域，比如：大同鞋铺、大成永的鞋子，同祥义的鞋帽，稻香村、东升阳的点心，天成铜器店的铜器，润昌、华昌、广立顺的洋广货，文美斋、松鹤斋的纸张文具，另外，还有小彭照相馆的拿手好戏：人像摄影。济南人特别是外地游客，常奔着这里的济南名产蜂拥而来。

品类齐全、无所不有的便民经营。据不完全统计，民国初，芙蓉街已有上百家店铺，举凡老百姓日常生活需求的各个领域，几乎都可以在这条街上找到，其中，有中西药房、估衣铺、毡铺、轿店、染坊、当铺、南货行、京货铺、律师所、理发室、丝线行、瓷器铺、首饰铺、照相馆等等。不过，芙蓉街更注重自己的主打项目，除上面提到的"名产"外，其他还有如绸布庄、钱行、洋广货铺、钟表铺等。1914年，街上的钱行有蚨聚长、信义号、裕茂号、春和祥、惠昌号、裕升昌、蚨裕号等七家之多；绸布庄主要有同祥永、恒祥兴、恒盛永、益兴、福祥兴、泰顺成等六家；而钟表铺，光绪初年即有"三山

砚镜铺在芙蓉街"（《历下志游》），如今则发展为骏记、宝善斋、春万斋、瑞记、修文斋等多家。（参见《济南指南》，中国文联出版社2004年版）

文化机构和文化商品方兴未艾。芙蓉街是一条充满文化内涵和文化气息的街道。自古至今，在此生活过的名人雅士不可胜数。据不完全统计，此街生成前，在此街区域芙蓉泉一带生活过或留下描绘此一带诗文作品的诗人、名宦和名流便有：明代的晏璧、张经、许邦才、李攀龙、韩应元、沈燮、王象春，清初的孙光祀、施闰章、赵作舟、杜首昌、王士禛、田雯、顾永年、王戬、姚峻、朱缃、傅仲辰等。康熙中后期此街建立后，来此定居及留下灿烂华章的诗人、作家有：张文瑞、吴镇、王初桐、王汝璧、刘大绅、董芸、范垌、孔昭虔、刘考、赵起挺、李偁、孙兆溎、张善恒、廖炳奎、王焴、符兆纶、何绍基、陈永修、高明、王大堉、王鸿、郑鸿、王以敏等，而近现代则有鞠思敏、王祝晨、俞剑华、王砥如、岳祥书等教育大家与艺坛名流。

承继着芙蓉街一以贯之的文化传统，民国初年，众多的文化机构在此安家落户，书坊如维新书局（中间路东）、武学官书局（南首路西），印刷局如华明石印馆、中德石印馆（芙蓉巷）等，直如雨后春笋；经营文化商品的南纸铺如荆茂堂、文艺斋、松鹤斋，古玩铺如古欢斋、蕴宝斋，笔铺如岫云阁……不一而足。

在此，需要重书一笔的是济南教育图书社。济南教育图书社旧址位于芙蓉街125号，创建于1913年10月，由鞠思敏、王祝晨等发起，教育界近200人集资创建。鞠、王二人都是积极投身辛亥革命的同盟会员，革命家，同时又是蜚声齐鲁的教育家。民国初年，他们痛切地感到创建新型的教育书社、传播新知识的必要，于是积极奔走筹资建社。图书社初拟自搞编印，因财力不足，遂专营发行，为上海中华书局分局济南教育图书社，代理发行中华书局的书籍和课本。然该社最为闪光之处，乃在其成为全省一传播新知识、宣扬新文化的阵地。据济南世界书局1927年出版的《济南快览》所述："教育图书社者，为全省教育界同人所组织，入中华（指中华书局）股份五千元，取得代办权，然非专办中华书也，凡文明、进步及上海各书局之教育图书、仪器、文具，无不代售之。"（参见《济南快览》第九编"各种工商事业"，齐鲁书社2011年版）

笔者曾见到该社20世纪30年代的销售广告，其营业项目包括：新课程标准适用各级学校课本、民众读物、儿童读物、乡村教育丛书、史地丛书、文艺丛书、科学丛书、美术书等多种，并有杂志、月刊、地图、字典等，除此之外，还经营理化仪器、博物标本、生理病理模型、运动用品等。（参见《济南大观》，齐鲁书社2011年版）济南教育图书社不仅在山东卓有影响，还将业务扩展到河南、河北等地，对三省的教学与文化发展做出了贡献。从五四运动到抗日战争前，济南教育图书社年销书额都超过20万元，成为图书发行行业的佼佼者。同时为济南的图书行业培养了大量的人才，促进了济南乃至山东图书出版和发行业的发展。山东自古为文化之邦，济南作为首府，乃是全省政治、经济、文化之中心，而文教事业之发展，有赖于图书书籍之传播。20世纪20至30年代，济南图书市场之繁盛气象正是包括济南教育图书社在内的各个图书行业门店的共同努力的结果。

芙蓉街以其旺盛的人气和优雅的环境，吸引了众多的艺术家来此经营、创业，其中，既有济南本土的艺坛翘楚，又有来自外省的名人名士。这条街成为名副其实的风雅温馨的艺术家之家。比如济南籍著名美术家、美术理论家俞剑华，1922年在芙蓉街创办翰墨缘美术商店，并组织翰墨缘画社，整理出版陈师曾遗著《中国绘画史》，编辑发行《翰墨缘半月刊》。芙蓉街一时名流荟萃，英才云集。30年代初，著名书画家岳祥书自河南老家来到济南，在芙蓉街上开设了祥书画像馆，该馆在1934年所做的一幅广告十分夺人眼目，其内容是

"由豫来济，岳祥书氏；专门画像，与众不同；价目最廉，定期不误"，真是简短明了，要言不烦，深谙消费者之心理。而在广告上方，则是"芙蓉街北首路西"几个大字以点明画像馆位置。据济南已故著名画家弭菊田先生回忆：1929—1936年，在山东教育厅任职的书法家王砥如，与齐白石弟子李苦禅、李可染等结社济南，在芙蓉街创办明湖西洋画社，自任社长，并开办《明湖画报》。他经常与李苦禅、弭菊田等聚会于画社，研讨艺术，交流技艺，促膝谈心。这堪称济南历史上的一桩艺术盛事。

自20世纪30至40代以来，芙蓉街一直处于济南城里商市繁华区域。据1934年《济南大观》称，"以西门大街、院西大街、院东大街、东门大街、南门大街、后宰门街、普利大街、估衣市街、芙蓉街、芙蓉巷、布政司大小街、舜井街、正觉寺街、花店街、鞭指巷、城顶街、剪子巷、城顶街、趵突泉街为城内商市区域（注：在二十条街构成的商市区域，芙蓉街、芙蓉巷均耀然在册）"，而"自普利门内至院西大街、院东大街为繁华区域，以院西大街为繁华中心（注：芙蓉街恰在繁华中心北侧，并紧邻繁华中心），商业之景气不亚于商埠纬四、五路之间"。（见《济南大观》第二十五编"实业"）

芙蓉街是一条得风气之先的时尚之街。20世纪30年代，它的"裕泰成""义天成"两家商号便以"制服新衣"引领潮流；那时，别家都是照相馆的时代，他们却办起了以审美为标榜的美术摄影公司，如同生弧光美术摄影公司，公司拥有艺术化的各种布景、珍贵的摄影镜头、欧美最新式弧光灯和精美的相纸，另有"伟大富丽之摄影场，专门技师日夜照相"，且"价格低廉"（参见《济南大观》附录五"广告"）。如此物美价廉之西洋镜，顾客焉有不蜂拥而至之理！

芙蓉街创造了许多个"济南之最"，如济南最早的镶牙馆（张巽辰镶牙馆），济南最有名气的鲁菜馆（燕喜堂饭庄），济南第一家眼镜店（一珊号眼镜店），济南最大的照相馆、衣庄、鞋帽铺……不一而足。

近些年，随着泉城路的不断拓宽，芙蓉街显得越来越狭窄了，但芙蓉街人气依然爆棚，其兴旺繁盛有增无减。

芙蓉街街景　李铭摄影

　　鲁迅说：发思古之幽情，往往为了现在。我们今天回溯芙蓉街的历史，其目的就在这里。

　　芙蓉街数百年长盛不衰的根源究竟何在？

　　芙蓉街是一条充满了生命活力的街道，一条充满了青春激情的街道。

　　究其原因，它是一条充满了创新精神的街道。

　　这是它的源头活水，它的极致风华的生命力之所在。

　　历史上的芙蓉街，给我们后人留下了许多宝贵的资源与财富。

　　单就当年这条街上的业态而言，便有花灯一条街，名产一条街，香肆一条街……它是艺术家之家，它是敢为人先的时尚之街！

　　又比方说，它的风雅的文化气质，它的绿柳红荷的街容环境，它的独特的韵味与气味……

　　而比物质更为重要的，还有珍贵的精神财富，比方说，它那敢为人先却又扎实稳健的商业精神。

敏锐地看出商机，想人所未想，这是当年的芙蓉泉主、迦南商行的老板张竹铭先生的商业智慧。他经过多次试验配制出了以除虫菊为主原料的植物保护农药，这在当时已是科技含量很高的产品了。而在经营过程中，张先生又发明配制了杀灭臭虫的药剂（老百姓称为臭虫药）。在济南，年龄稍大的人都记得当年济南家家户户遭受臭虫叮咬、夜不成寐之苦，且臭虫繁殖力极强，根除为难，人们用沸水浇烫也不能奏效。而自从迦南商行出售臭虫药后，臭虫基本灭绝，百姓拍手称快。如何经商，这里有着宝贵的启示：从老百姓的普通日常生活需要中发现和捕捉商机，这才是一种高级的智慧。它不是惊天动地的大发现，而是从小事入手。值得注意的是，这种经营的智慧和聪明才智，在芙蓉街代代相传，融入后人的细胞血液之中。张竹铭的后人张洁贞所开"栗子张"炒工坊制作的糖炒栗子、雪红果堪称济南一绝，他选用南山山脉麦黄山附近两条峪沟的泰山油栗，并亲赴南山百姓家中收购，坚守"不煮、不泡、不上蜡"的原则，让人民群众吃上安全放心的人间美味。

我们今天回顾芙蓉街，是为了建设未来更加美丽的芙蓉街和我们的家乡济南。通过回顾，我们不仅意识到今天保留了什么，更重要的是我们丢失了或者缺失了什么，并以此作为我们今天建设芙蓉街的借鉴与参考，实现我们对于美好生活的向往。

诚如是，则善莫大焉！

（作者：侯琪，侯林。）

后　记

和芙蓉街真的有缘。

三年前，兄长侯琪和我受历下区史志办、山东黄氏印务等单位委托，主编《芙蓉街志》一书。当时我大病初愈，体尚虚弱，但因着与芙蓉街的感情而毫不犹豫地接受下来；另外，做了几十年出版工作的兄长也反复论及此书在出版界的开创性价值，使我颇生余勇可贾之想。我所承担的是其中的《人物志》与《艺文志》，为此，抱羸弱之躯到济南各大图书馆查阅文献资料，大约用了半年的时间方始完稿，殊不知，该书却因种种原因未能及时出版。

此后，济南出版社副总编辑张元立、编辑张智慧约我，希望我能在"济南故事"的丛书框架里，写一部芙蓉街史话。我颇费踌躇，因为我偏爱作一些研究济南历史文化的更具学术性的书籍，然几经波折，终慨然应之。

经常会谈到济南的城市性格，如果想用最切近的两个字加以概括，我想，非风雅莫属，这是一个骨子里的东西。谓予不信，请翻翻那些日积月累的这块土地上诞生的诗与文。

芙蓉街该是一个典型。

在那些泉池前、铺面后，斑驳陈旧的街巷门洞里，日渐褪色的风檐庭院中，留下了多少名人雅士的旧踪遗韵与风雅过往：

明代，这里有芙蓉泉西德王府右长史许邦才的瞻泰楼，当年许右史与大诗人李攀龙、相国殷士儋，在此处敲棋煮酒、赋诗论文的风流佳话，在济南世代相传；

清初，这里距院西大街的"司马府"近在咫尺，致仕归来的兵部侍郎孙光祀时常拐进芙蓉街来，坐在芙蓉泉修篁疏柳的水亭上听泉赏心，不忍离去，写下那许多的芙蓉泉诗以寄悠悠情怀；

这里曾是有清一代诗坛盟主施闰章、王士禛、田雯的旧游地，那与芙蓉街割不断的情缘都以诗的形式写下来，单是一个芙蓉泉与瞻泰楼，便使他们魂牵梦绕，甚至恨不得挂冠归去；

这里有王府池子枣香居，是雍正年间人称"笔墨直与鬼神通"的济南大画师朱仑仲的池畔旧居；

这里是"济水之上，巷妪街童无不知，其才出李于鳞上"的王府池子郭翙郭进士的乡土故园；

芙蓉泉上，孔尚任、杜首昌雨中小酌，极尽风雅，董香草花荫著书，文思泉涌；

与芙蓉街一墙之隔的泺源书院，何绍基凿池引来芙蓉泉水，畅饮平生；

芙蓉街南首路西，有当年芙蓉街的最高建筑，山东民主革命先驱鞠思敏、王祝晨所创建山东最大最早的现代图书发行社——济南教育图书社，民国时，山东四大教育家名播宇内，鞠思敏、王祝晨占其二席；

民国初年，芙蓉街上走来了国画大师、济南先贤俞剑华，他在这里创画院、办画展，一时间，名流荟萃，雅士云集；

这里有艺术大师李可染、李苦禅、王砥如、岳祥书、弭菊田……他们留下驻足芙蓉街书坊画肆的永恒身影……

对于芙蓉街，你觉得自己天天过去吃烤串，便觉得自己很熟悉，是吗？其实未必。

有很多的人与事，都是你闻所未闻、见所未见的。

比方说，历史上的芙蓉街可不只是餐饮一条街，它的业态之丰富，花样之繁多，足令现代人咋舌且汗颜。那么芙蓉街究竟有多少个特色一条街呢？

雍正初年，也就是芙蓉街建街不久，它是"花灯一条街"，这有雍正初年同知青州知州张文瑞的"芙蓉街上灯千碗"的诗句可以为证。乾嘉年间，它又成为"游戏扮玩一条街"，这有嘉庆初年山东按察使王汝璧的《芙蓉街踏雪分韵得"踏"字》诗可以为证，那太平鼓与土牛的精彩表演，使得整个济南城"一片春声动闾阎"。前有泺源书院，后有济南府学，芙蓉街是一以贯之的"文化一条街"。然而，乾嘉以降，它的其他产业也如雨后春笋般发展起来，比方说，它是经营女性化妆品和香料的"闻香一条街"，它是经营济南名优特产的"名产一条街"，它是敢领天下先的"时尚一条街"等等，最后，才是它的餐饮业。

所有这些，都是多么宝贵的历史资源呀，它对我们总结历史经验，改变如今业态单一的局面将是极好的借鉴。

写芙蓉街，当然会遭遇不少的难处。

你必须逢山开路，寻求答案。

单是这条街的历史，就众说纷纭，莫衷一是，有说百年之街，有说千年古街，其实皆是不得要领的妄测。准确地说，此街建街于康熙后期，距今约三百年之久。

又比如，芙蓉泉所在的姜家亭和韩观察宅，其情况何如？芙蓉街上当年那条潺湲在蓝天白云之下的优雅无比的溪河梯云溪，是何年开凿？其开凿原因又是什么？它又是何年被委屈地埋身地下？其梯云溪西支情况又如何？

学宫之巍峨壮观，礼乐三千，"规制如鲁泮宫"，然而它究竟建于何年？府县志只说是"熙宁年间"，还有，府学内玉带河到底走向如何？于府学贡献最大的人物到底有哪些？看了此书，你就会看到答案。

再是，你如果有求实的愿望与精神，你应该辨明是非，订正谬误。

这主要是指订正济南历史文献特别是府县志上的差错。

你能想得到吗？那王府池子边上高高竖起的石碑"濯缨泉"，其实是错的，应该"濯缨湖"才对，这错误是从道光《济南府志》开始的。还有，梯云溪开凿时间，明代叶承宗《历城县志》等均记载为"万历庚子"（1600），这也是错误的，正确的是在此前60多年前的嘉靖十四年（1535）至嘉靖十五年（1536），这有诸多的证据在。还有，原在德王府的饮马泉，竟然被《济南市志》《济南泉水志》"移植"到了原泺源书院即后来省统计局的大院里，这使得本已迷失的饮马泉更加永无"翻身"之日。而在珍珠泉大院里迷失的濯缨泉，则因王府池子张冠李戴地顶了它的名字，更是含恨九泉之下不得重见天日了。

如此你便可以看到，虽有求索的痛苦、无助与波折，亦有抉幽探秘之余的欢乐与快感。

既然答应参与这套书，就要服从这套书的体例与规则。

聊以自慰的是，本书在写作过程中，不曾人云亦云，不曾拾人牙慧。芙蓉街上的那些风流人物、风雅旧事，大多为自己多年读书的发现和发掘所得。

每篇都不长，千字文居多，为的是让读者有雅兴读下去，这样读起来不会审美疲劳。

每篇大约都是一个独立的故事或话题，力求将学术的内容融入通俗可读的形式中。同时，有一说一，有二说二，绝不掺杂使水，东扯西拽，因为，其一，本人所掌握的芙蓉街的丰富资源足够使用；其二，"水货"，乃是对读者最大的轻视与不忠。

书的标题为"三百载"，其实写起来不独为三百年。因为这街北首的济南府学，便已存在了近千年，还有芙蓉泉等泉池，它们早在芙蓉街成街前就存在许久许久了，你总不能拦腰切断历史，一切从康熙后期建街时开始下笔吧？！

最后是芙蓉街的范围，一如《芙蓉街志》，包括芙蓉街的支巷，约略相当今之芙蓉街社区是也。

像是给自己的书在做广告，这不是我的性格。

但是确有一种愿望，哲学家称之为"要告知"。

这是我们的金街，这是我们的城市，这是城市的美好与荣耀。

济南，湮没在历史中的东西实在不少，这使我在阅读中常常感到吃惊。更加令人伤感的，乃是历史的走形甚至扭曲，比如，中国最早的公共图书馆——

济南先贤周永年的籍书园藏书楼，明明是创办成功了，且在周氏朗园贤清泉上，公开开放，泽惠士子近百年之久；可在古今的历史记载和专家论证里，硬是武断地将其说成失败之举，甚至说他书呆子办事一事无成。这种颠倒不唯使古人蒙羞，且将失去一份极其宝贵的精神遗产。济南曾经有那么多无私的爱书人、读书人，众所周知，早在秦代，秦始皇焚书坑儒，是济南的经学大师伏生，为救斯文于不坠，冒着生命危险将儒家经典之一的《尚书》秘密藏在故乡济南的墙壁中。这与周永年办籍书园一样，都是奋不顾身、以利天下的惊天地、泣鬼神的伟大壮举。济南人与书籍的深刻渊源由来已久，自古迄今，济南便是一座名副其实的书城，读书之城。

多读书，读好书。济南，那些丰厚的历史文化的资源，存在于那些泛黄变脆的古籍里。一是需要人们不畏艰难，下决心深入挖掘；二是要认真研究，审慎考订，让历史照亮当今，以建设美丽、文明之新济南。

一座城市的历史，并不完全存在于府县志里，它还存在于古人的诗文别集中，这恰恰是被历史遗忘的那部分，其重要性不言而喻。这是许多年里我的深切体会与感受。

二十世纪五六十年代，由我家所在的县学西庑街去泉城路百货大楼购物，或是去新华电影院看电影，总是要抄近路由东西菜园子到后宰门，再由后宰门穿辘轳把子到芙蓉街的，最后由芙蓉街从北到南一气贯穿，直达泉城路上。这一路虽则曲里拐弯，但闭着眼也能摸了去的。

但那时对于芙蓉街的了解，却是感性的、肤浅的认知。

之后，读了几十年关于济南的古书，那感觉就真的大不一样了。

图书在版编目（CIP）数据

芙蓉街：芳华摭拾三百载 / 侯林著. — 济南：济
南出版社, 2021.7
（济南故事 / 杨峰主编）
ISBN 978-7-5488-4719-9

Ⅰ.①芙… Ⅱ.①侯… Ⅲ.①商业街—介绍—济南
Ⅳ.①K727.523

中国版本图书馆CIP数据核字（2021）第115374号

芙蓉街：芳华摭拾三百载
FURONGJIE:FANGHUA ZHISHI SANBAIZAI

出 版 人：	崔　刚
图书策划：	李　岩
责任编辑：	张智慧
封面设计：	张　金
出版发行：	济南出版社
地　　址：	济南市市中区二环南路 1 号　250002
邮　　箱：	ozking@qq.com
印 刷 者：	济南新先锋彩印有限公司
经 销 者：	各地新华书店
成品尺寸：	170 mm × 230 mm 1/16
印　　张：	11
字　　数：	156千字
印　　数：	1—3 000册
出版时间：	2021年7月第1版
印刷时间：	2021年7月第1次印刷
书　　号：	ISBN 978-7-5488-4719-9
定　　价：	59.00元